帝国で読み解く近現代史

岡本隆司
早稲田大学教授

君塚直隆
関東学院大学教授

827
中公新書ラクレ

帝国で読み解く近現代史◆目　次

序章
「帝国」とは何か……13
『スター・ウォーズ』が描く帝国観　15
「国民国家」でありながら「帝国」でもあったイギリス　18
文明は変な連中がうようよいるところで発展する　24
ヨーロッパの皇帝と東アジアの皇帝は何が違うのか　30
第1章
ヨーロッパと中華世界、東西の帝国の邂逅……37
――長い一八世紀、産業革命、アヘン戦争、アロー戦争、太平天国
乾隆帝が名君になったのは、イギリスのおかげ？　39

もともとヨーロッパはとても貧しかった　45
イギリスの植民地統治の合言葉「まずチーフを見つけろ」　49
官と民が離れすぎてしまった清朝　55
イギリス商人からアヘンを買ったのは誰か？　58
官と民が一体となっていれば、アヘン戦争はイギリスに勝てていた⁉　63
アヘン戦争では清朝は何も変わらなかった　65
なぜ日本は変わり、清朝は変わらなかったのか　71

第2章
押し寄せる列強と東アジア……79
――ロシアの南下政策、日清戦争、大韓帝国、義和団事件、日英同盟、南アフリカ戦争

清朝の人口増がロシア帝国の極東進出を招いた⁉　81

朝鮮に目を向けた日本、朝鮮を死守したかった清朝　86
イギリスは当初は清朝に防波堤の役割を期待していた　88
日清戦争後、清朝は変わろうとしたが……　95
義和団事件が日英同盟を生み出した　100
大英帝国も帝国としての曲がり角に差し掛かっていた　105

第3章　ナショナリズムの高まりと帝国の変容……109

—日露戦争、韓国併合、辛亥革命、バルカン問題

朝鮮半島を取られるのは、日露双方にとって恐怖だった　111
日露戦争は、その後の世界情勢に大きな影響を与えた　114
韓国併合と稚拙だった日本の植民地政策　117

「中国」と「中国人」が誕生する　124
中華民国が見つけた最適な政治体制は、ソ連の民主集中制　128
会議外交が機能しなくなっていた二〇世紀初頭のヨーロッパ　133
バルカン問題と幻となったフランツ・フェルディナント大公の構想　137

第4章　解体される帝国、生き残る帝国

——第一次世界大戦、パリ講和会議、ヴェルサイユ体制、ワシントン体制、満洲国建国……145
第一次世界大戦の結果、四大帝国が消滅する　147
ウィルソンが掲げた民族自決とは何だったか　152
パリ講和会議とケインズの予言　157
なぜヨーロッパはナチスドイツの暴走を止められなかったのか　165

日本のポイント・オブ・ノー・リターンはどこだったか　172
軍閥時代は中国本来の自然な姿⁉　180

第5章 アメリカとソ連――新しい二つの帝国の時代……191

――第二次世界大戦、植民地の独立、東西冷戦、赤狩り、ソ連のアフガニスタン軍事侵攻、大躍進運動、文化大革命、EC（欧州共同体）、EU（欧州連合）

サハラ以南のアフリカ諸国が独立後に直面した困難　193
中立国・オーストリアがソ連を恐れた理由　199
冷戦期の米ソ対立は、一九世紀の英露のグレートゲームの繰り返し⁉　205
「ひとつの中国」の実現をめざした中華人民共和国の試行錯誤　212
米ソに埋もれないための西欧諸国の生存戦略　219

終　章
最後にもう一度帝国とは何かを考える……223
冷戦後、アメリカは本当に覇権を握ったのか？　225
帝国の復活への欲望を露わにし始めた指導者たち　231
歴史的視点を持たないと有効な解は見つけ出せない　237
あとがきに代えて――対談を振り返る対談　243

左：岡本隆司（早稲田大学教授）　右：君塚直隆（関東学院大学教授）

帝国で読み解く近現代史

序章
「帝国」とは何か

序章の主なできごと

395	ローマ帝国の東西分裂
476	西ローマ帝国の滅亡
800	カールの戴冠
962	オットー1世の戴冠
▼ ▼	
1453	ビザンツ帝国の滅亡
1547	イヴァン4世（雷帝）の戴冠
1636	清の成立
1776	アメリカ合衆国の独立宣言
1789	フランス革命（～1799）
1804	ナポレオンの戴冠
1871	ドイツ帝国の成立
1897	大韓帝国の成立
1912	清の滅亡
1914	第一次世界大戦（～1918）
1918	ドイツ帝国の滅亡
1918	オーストリア＝ハンガリー帝国の滅亡
1922	オスマン帝国の滅亡
1945	大日本帝国の崩壊

『スター・ウォーズ』が描く帝国観

君塚　この対談は「帝国」をキーワードに、近現代史を捉え直してみようというものです。私はイギリス政治外交史、ヨーロッパ国際政治史の研究者であり、岡本先生は近代中国史、近代アジア史をご専門にされていますから、特に中国とイギリス、あるいは東アジアとヨーロッパを中心に議論を展開していくことになると思います。

帝国はもちろん大昔から、それこそ紀元前二三〇〇年ごろに成立したアッカドのころから存在していました。そんな中で今回近代以降の帝国にあえて着目するのは、帝国の性質や概念、帝国をめぐる評価が、近代に入ってからの短期間でめまぐるしく変容していったように思えるからです。

例えば一九世紀末、世界は帝国主義の時代を迎え、アフリカやアジアに進出した西欧列強の手によって世界地図は大きく塗り替えられました。世界の面積の半分以上がヨーロッパの強国に占有されるような状況は、それ以前にはなかったことです。またこの時期は多くの国々が帝国を名乗っており、世界は帝国と皇帝であふれかえっているような状況でした。

ところが二〇世紀前半に第一次世界大戦が起きると、大戦中に起きた革命や敗戦によって、ロシア帝国やドイツ帝国、オーストリア゠ハンガリー帝国、オスマン帝国が消滅。また世界の七つの海を支配し大英帝国と呼ばれていたイギリスは、戦争には勝ったもののかつての勢いはなくなり、やがて帝国としての役割を終えて普通の国に戻りました。一方中国の清朝は、第一次世界大戦勃発の少し前にすでに滅亡していました。そして第二次世界大戦の結果、最後の帝国だった大日本帝国も姿を消します。

またアフリカ分割に代表されるような帝国主義的な振る舞いも、このころから倫理的に許されないものとなり、第二次世界大戦後には多くの地域が植民地のくびきから解き放たれ、独立を果たしていきました。

では今では帝国は完全に過去の遺物になったかといえば、そんなことはないですよね。現在ウクライナに侵攻中のロシアは、欧米諸国などから「帝国主義的である」として批判の対象になっています。南シナ海などへの海洋進出を進める近年の中国の行動も、やはり周辺諸国などから同様に警戒されています。皇帝がいる帝国はなくなったかもしれませんが、「帝国的なもの」は今も確実に世界に存在しています。ただしその「帝国的なもの」は、近代以前の帝国とはいささか異なるものであるようにも思えます。

そこで帝国が近代以降どのように変容し、その変容が起きたのはなぜなのか。また一度は否定されたはずの「帝国的なもの」が、なぜ今もしぶとく生き残っているのか、といったことを、時代を追いながら検証することは、近代から現在に至るまでの世界のありようを把握するうえで有効であるように思います。

岡本　その試みは、とてもおもしろいと思います。よく例に出すのですが、帝国というと映画の『スター・ウォーズ』をイメージする方も多いのではないかと思います。『スター・ウォーズ』の一連のシリーズの中で最初に制作されたエピソード4では、帝国に君臨する皇帝の圧政に対抗して、レイア姫が共和国の復興をめざして奮闘する姿が描かれていますよね。あの物語は、まさに多くの人が抱いている「帝国や皇帝は悪である」というイメージをトレースしたものです。そして私たちはそのイメージを用いて、今のロシアや中国がやっていることを「帝国的である」として嫌悪し、もしかしたら往時のローマ帝国などについても、そのイメージで見ている部分があるかもしれません。

しかし「帝国＝悪」というイメージが定着したのは、さほど昔のことではありません。また帝国がずっと昔からそれほどまでに「悪」だったかというと、そんなこともないでしょう。私たちは、いつごろからなぜ帝国を悪の権化とみなすようになったのか。そのあたりについても、対談の中で追々明らかにしてきたいところです。

「国民国家」でありながら「帝国」でもあったイギリス

君塚　これから帝国を切り口に、近現代史を年代順に検証していくにあたって、まずはその前に帝国の成り立ちや変遷、西洋と東洋の帝国の性質の違いなど、「帝国とは何か」についての概念整理をしておきたいと思います。私と岡本先生とのあいだでもそうですし、読者のみなさんとも、帝国についての一定のイメージをあらかじめ共有しておいたほうがよいと思うからです。具体的には、どこから議論をスタートさせましょうか。帝国に関するごくごく一般的な定義を確認するところから始めてみましょうか。

スティーヴン・ハウというイギリスの研究者が、「1冊でわかる」というシリーズで『帝国』(岩波書店)という本を書いています。この中でハウは、帝国を次のように定義しています。「帝国とは、広大で、複合的で、複数のエスニック集団、もしくは複数の民族を内包する政治単位であって、征服によってつくられるのが通例であり、支配する中央と、従属し、ときとして地理的にひどく離れた周縁とに分かれる」。

岡本　ハウの定義に、まったくあてはまらない帝国もありますよ。大韓帝国とかね。広大で複合的ではありませんし、複数のエスニック集団や民族を内包もしていません。例外はあるにせよ、ローマ帝国などのすぐに私たちがイメージできるような代表的な帝国の特徴を最大公約数的にまとめると、そんな定義になるのかもしれませんが。

君塚　確かに岡本先生がおっしゃるように帝国は非常に多義的な概念であり、さまざまな意味で用いられてきました。ですからひと言でまとめようとすると、ハウのような茫漠《ぼうばく》とした定義しかできないということなのでしょうね。なおかつ定義にあてはまらない例外も出てきます。

岡本　そうなんです。ハウの帝国の定義の中には「皇帝」という言葉は入っていませんが、帝国とは皇帝が支配している国のことを意味するものでもあります。大韓帝国時代の韓国には皇帝が君臨していましたから、帝国を名乗ったわけです。同様にかつて日本が大日本帝国を自称していたのも、天皇という皇帝が君臨する国だったからです。ちなみに「天皇」は英語に訳すと「Emperor」ですから、厳密には今も日本は皇帝を戴く国です。ただし自国のことを帝国とは名乗っていないだけのことです。

一方で「帝国主義」というときの帝国は、軍事的、政治的、経済的に他国や他地域を支配下に収めるために、対外進出に積極的な国のことをいいます。一九世紀末のフランスのように、皇帝はおらず、共和制を採用している国でも帝国主義的であることはあり得ます。

君塚　大英帝国とロシア帝国は「広大で複合的で複数の民族を内包している」という点ではハウの定義に合致していますが、その統治体制はまったく異なりますよね。大英帝国は立憲君主制のもとに北アメリカやオセアニア、アジアやアフリカに多くの植民地を持つ海洋帝国だったのに対して、ロシア帝国は専制君主制のもとにユーラシア大陸に広大な領土を持つ大陸帝国でした。ひと口に「広大で複合的で複数の民族を内包している」といっても、その内実は多様であるということです。このように帝国は多義的ですから、今回の対談も、場面に応じて帝国という言葉を多義的に用いることになると思います。

帝国が多義的であるのは、帝国の性質が時代によって変容してきたことも関係していると思います。近代に至るまでの帝国の変遷をちょっと振り返ってみましょうか。

帝国と呼ぶにふさわしい勢力圏を最初に築いたのは、先ほども少し触れたアッカドです。メソポタミアで誕生したこの国は、紀元前二二五〇年ごろには、西は地中海、東はペルシア湾に達する地域を支配下に収めました。その後、同じメソポタミアにおいてやはり帝国を築いたのがアッシリア。そしてアッシリア帝国の分裂後、その東方で急速な拡大を遂げたのがペルシアでした。ペルシアはアケメネス朝の時代には、西はエジプト、東はインドに至る広大な領土を手に入れます。これらの帝国の特徴は、いずれも陸上帝国であること、つまり地続きで領土を拡大していったことです。

これに対して、その後出てきたローマ帝国は、地中海をぐるりと取り囲むかたちで領土を広げていきました。ですから純然たる陸上帝国ではないわけですが、とはいえ海といっても地中海ですから、内海みたいなものですよね。海洋帝国というほどではありません。

古典的な陸上帝国とは明らかに性質が異なる海洋帝国が登場したのは、一五世紀の大航海時代以降のことです。スペインもポルトガルも、本国から遠く離れた海の向こうに植民地を築きました。さらに一七世紀以降には、イギリスが海洋帝国としてのし上がっていきます。そして気がつけば、アメリカ大陸にせよオセアニアにせよアフリカ大陸にせよ、世界中にイギリスが関わっていない大陸がないような状況になります。

この海洋帝国的な領土拡大のやり方が頂点に達したのが、一九世紀末から二〇世紀初頭にかけての帝国主義の時代でした。本来は陸上国家であるはずのフランスやドイツなどの国々も、海を渡ってアフリカやアジアに植民地を築くことをめざしました。また当時最大の陸上帝国だったロシアも、海洋への足がかりを得るために、南下政策によって不凍港を得るために躍起になっていました。
これはヨーロッパの国々が、イギリスをめざすべき国家モデルにしていたというのがひとつあるのではないかと思います。イギリスにあこがれ、「何とかイギリスに追いつき、追い抜きたい」と考えたわけです。何しろイギリスは、本国自体の面積は中国の四〇分の一程度しかないにもかかわらず、もっとも多い時期には世界の陸地面積の約四分の一を有していました。

岡本 なぜ一九世紀末に西欧の国々が、あれほど切実にアジアやアフリカに植民地を求めたかというと、この時期、イギリスを筆頭に西欧において国民国家が成立しつつあったことも大きいと考えています。国民国家とは、国民主権が確立されており、なおかつ国民のあいだで「自分たちは同じ言語や文化、宗教等を有している」という一体感や、国家に対する帰属感が醸成されている国のことをいいます。概念的には、ヨーロッパ大陸ではフランス革命が進展する過程で浸透し始め、さらに一九世紀後半に入ってイタリア、ドイツの統一で固まりました。また並行して、西欧諸国は国民国家の成立期、貨幣の独占発行権を中央銀行に与えることで国内通貨の統一化を進め、貯蓄や投資などに関する金融制度を整備するなど、国民経済の確立にも力を注ぎました。

国民経済を動かし、国や国民を豊かにするためには、国の外部に市場を求めることが不可欠になります。その外部に市場を求める手段として、この時期西欧で成立した国民国家は、帝国主義化することを選択したということだと思います。

君塚 帝国と国民国家は、一般的には対概念として捉えられていますよね。先ほどのハウの定義によれば、帝国とは「複数のエスニック集団、もしくは複数の民族を内包する政治単位」であるのに対して、国民国家はトートロジー的な言い方になりますが「同一のネーションによって成立している国家」のことをいいます。

岡本 先に述べたような国民国家・国民経済が、実体的にもっとも早く成立したのはイギリスですが、イギリスは本国においては国民国家でありながらも、外に向けては帝国であったということではないでしょうか。国民国家であることと帝国であることが、矛盾することなく併存できていたと言いますか……。

国民国家が成立する以前の古典的な帝国は、ハウも言うように、その領域内にさまざまなエスニック集団や民族が暮らしており、彼らは共存はしていたが一体化はしていませんでした。それに対して国民国家型の帝国は、国民が一体化しており、帝国主義の時代には国として一体となってその領域の拡大へと向かった。ですから国民国家成立以前の古典的な帝国と国民国家型の帝国は、同じ「帝国」でもその構造はまったく違っていたといえます。また一九世紀末のこの時代には、ロシア帝国やオスマン帝国のような古典的な帝国と、大英帝国のような国民国家型の帝国が並立していました。

君塚　そうですね。このうち第一次世界大戦のときに革命が起きたり戦争に敗れたりして解体してしまうのは、古典的な帝国のほうでした。一方国民国家型の帝国も、国民国家でありながら帝国でもあることが、次第に困難になっていきました。

岡本　帝国自体が悪とみなされるようになりましたからね。それはこの時期にアメリカが、国際政治の表舞台に登場したことが大きいと思います。アメリカが世界の帝国のありようにどのような影響力を行使したのかについては、のちほど第4章のところで具体的に議論することにしましょう。

文明は変な連中がうようよいるところで発展する

君塚　もう少し「そもそも帝国とは何か」についての話を続けたいと思います。それこそ帝国の原型に関する根本的な「そもそも」の質問を岡本先生に投げかけたいのですが、そもそもなぜ世界の歴史の中で、帝国が登場することになったのでしょうか。帝国は最初メソポタミアを中心としたオリエントで成立し、その後東アジアやヨーロッパでも成立します。洋の東西を問わず、帝国がさまざまな地域で誕生、成立していったのはなぜでしょうか。

岡本　古代オリエント、中国、インドなど、世界には文明が発達しやすい地域というのがあります。で、その文明が発達、拡大していった先が、帝国ではないかと思います。

では、どんな地域において文明が発達しやすいかというと、ひと言でいえば自分たちのコミュニティのすぐ近くに、生活や習慣、思考がまったく異なる変な連中がうようよしているようなところです。その変な連中とぶつかり、交わる中から文明は生まれていきます。

中国でいえば、最初に文明が発達したのは中原《ちゅうげん》と呼ばれる今の華北・黄河流域でした。黄河流域では川の水の恵みによって農耕が発達し、定住する人たちが現れました。一方その少し北の草原地帯には、牧畜を生業とする遊牧民が暮らしていました。農耕民は穀物を、遊牧民は乳酪・肉や毛皮を持っていますから、自分たちが有していないものを求めて、互いのあいだで交易が始まるのはごく自然の成り行きです。ただし農耕民と遊牧民とでは思考も習慣も異なりますから、交易の場面ではしばしばトラブルが生じたはずです。そのため交渉が必要になり、また交渉結果を記録する必要性も生じました。そうした中から文字が発達し、文明も発達していったということではないかと思います。

　農耕民と遊牧民が交わるエリアで文明が生まれるという構図は、東アジアのみならず、オリエントにおいても同じです。ユーラシア大陸には、ユーラシア・ステップといって東西に長い草原地帯が広がっています。その東端に位置するのが東アジアであり、西端に位置するのがオリエントでした。オリエントも農耕世界と遊牧世界の境界地域にあり、そこで商業や言語が発達し、文明が育まれていった。そういうことだと思います。

君塚　では、文明が帝国にまで発展していくプロセスはどのようなものだったのでしょうか。

岡本　古代の帝国もそうですし、その後のモンゴル帝国や清朝、あるいは大英帝国などもそうですが、帝国というのは拡大するときには「自己運動の結果、気がついたら大きくなっていた」というものではないかと思います。あらかじめ何かマスタープランがあって、拡大していったわけではありません。逆にヒトラーの第三帝国のように、明確な意図をもって拡大をめざした場合、だいたいは長続きせず、失敗に終わっています。

「自己運動の結果、拡大していった」とはどういうことかを、清朝を例に説明してみます。

清朝は満洲族が、一七世紀に朝鮮半島の北・遼東《りょうとう》地方に打ち立てた国です。独立したときには、まだ南に明朝が残存していましたし、朝鮮も脅威でした。明朝が滅んだあと、今度は

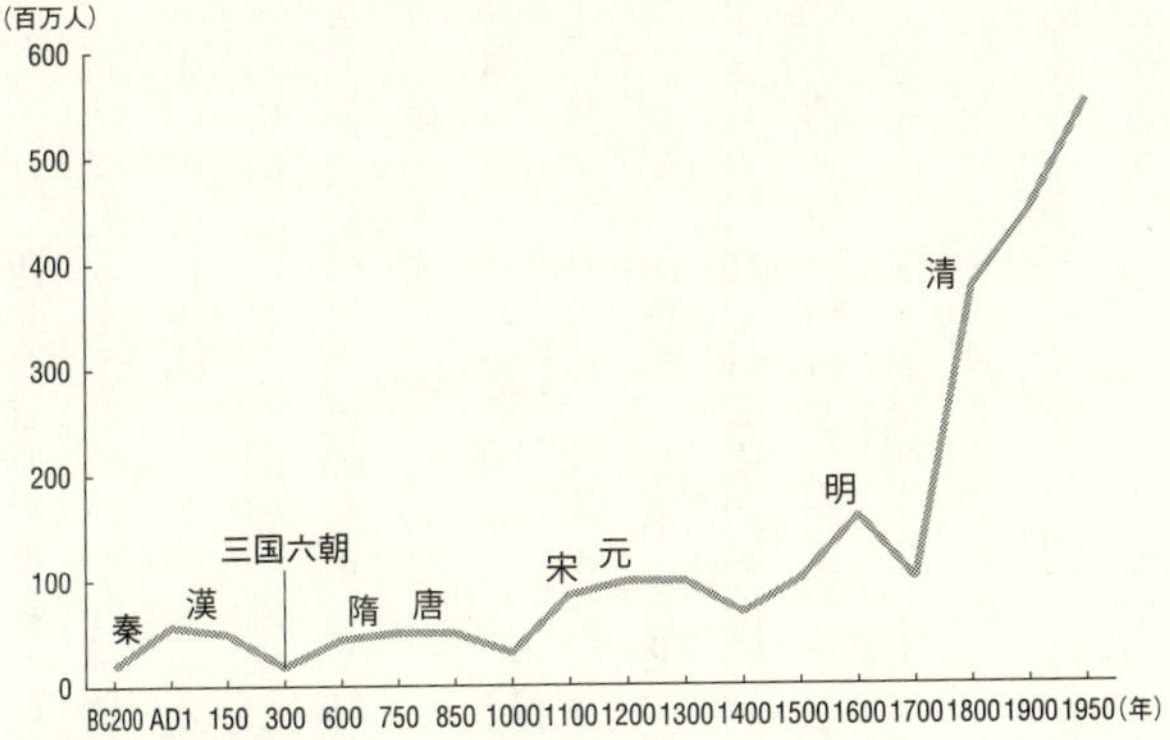

中国の人口動態
出典：岡本隆司『近代中国史』（ちくま新書）

ロシア帝国やモンゴル族が建てた遊牧国家のジュンガル帝国が清朝を圧迫してきました。ロシアとはネルチンスク条約によって国境線を定めたことで一段落つけることができましたが、ジュンガル帝国はチベットや新疆《しんきょう》を根拠地にして清朝に脅威を与え続けていました。「これは何とかせねばいけない」ということでチベットを攻め、新疆を攻め、とやっているうちに、気がついたら一大帝国になっていたというのが清朝です。

清朝の時代には、民衆のレベルでも居住範囲の拡大が起きました。清朝の人口は一七世紀のあいだは約一億人でしたが、その後急増し、一八世紀半ばには三億人に達します。そのため、これまで人々が暮らしていた地域だけでは、人口を養いきれなくなりました。そこで西南の未開の山に分け入ったり、西北の草原や東北の森林を開拓したりしたうえで、移住する人が出てきました。いわば「生きんがためのやむを得ない拡大」でした。

中国の歴代王朝は、その勢力範囲が拡大していったときに、「天子がそなえている徳が広がったのだ」などと理屈づけました。しかしそれは当然後付けの理屈であり、実際には「生きんがための自己運動を重ねた結果、気がついてみたら拡大していた」というのが実相だろうと思います。

君塚　アメリカ合衆国は一八世紀末に独立したときには、東部一三州だけの小さな国でした。その後アメリカは、先住民から土地を奪いながら、あるいはメキシコとの戦争に勝利を収めることで、西へ西へと領土を拡大し、一九世紀半ばにはついに太平洋岸にまで到達します。アメリカ人たちはこの西漸《せいぜん》活動をマニフェスト・デスティニー、すなわち「明白なる天命」であると位置づけました。「この大陸は神が自分たちに与えたものであり、故に自分たちが大陸を所有するのは明白なる天命である」というわけです。

あのマニフェスト・デスティニーも、やはり後付けの理屈ですよね。実態は土地や金を求める人々がアメリカに殺到したために、その勢いに押されるようにして西漸活動が始まったにすぎません。そしてそうやって西部の開拓を始めてみると、さしたる敵や障碍《しょうがい》も現れず、あれよあれよと進むものだから、「これは神様が自分たちに与えた天命に違いない」と考えた。しかもカリフォルニアのほうでは金鉱が見つかったりしたものだから、「ほら、やっぱり神様の思し召しだ」と捉えたということだと思います。

岡本　やはり人間は、何かをやるときには大義名分がほしいんでしょうね。「なぜ自分たちはこれをやっているのか」をどうにか正当化しないと、後ろめたさを感じてしまうということではないでしょうか。

やや話がずれますが、今でいうと、中国の「一帯一路《いったいいちろ》」なんかも後付け的な感じがします。すでに民間レベルではかなり前から、中国人による中央アジアやアフリカなどへの経済活動がさかんになっていました。けれども政府の意向とは関係なく民間が勝手にやっているとなると、共産党の体面上、さらには統治上もよろしくないということで、習近平が後付け的に打ち出したのが一帯一路構想ではないかと思います。一帯一路は、これまで民間がおこなってきたものにお墨付きを与えるものであるとともに、共産党の主旨に

習近平（1953〜）
写真：新華社／アフロ

合わないものを整理することで、民間の活動を国家のコントロール下におくことを狙いにしたものであるように感じます。

ヨーロッパの皇帝と東アジアの皇帝は何が違うのか

岡本　ここでヨーロッパの帝国・皇帝と、東アジアの帝国・皇帝の違いについても触れておきたいと思います。君塚先生がヨーロッパの帝国・皇帝を、私が東アジアの帝国・皇帝を担当するかたちで少し話してみませんか。

君塚　ヨーロッパの帝国・皇帝について語るにあたっては、やはりローマ帝国の存在を抜きにすることはできません。ご存じのようにローマ帝国は、四世紀末にキリスト教を国教化します。さらにそのすぐにあとに、西ローマ帝国と東ローマ帝国（ビザンツ帝国）に分裂しました。キリスト教については、西ローマ帝国内ではローマ教会（のちのカトリック）、ビザンツ帝国内ではコンスタンティノープル教会（ギリシア正教会）が力を伸ばし、やがてこの二つの教会の対立も深刻になっていきます。

そんな中で、西ローマ帝国は分裂からわずか八〇年ほどで滅亡してしまいます。一方のビザンツ帝国は、その後も一五世紀にオスマン帝国に滅ぼされるまで生き長らえます。ビザンツ帝国は、ある時期からは帝国とはとても呼ぶことができないほどの弱小国になってしまいましたが、最初のころは地中海周辺の旧西ローマ帝国領の再征服に成功するなど意気盛んでした。ローマ教会の司教であるローマ教皇も、政治的にはビザンツ帝国の皇帝に従属しなければいけない立場に貶《おとし》められていました。

こうした状況から脱却するために歴代のローマ教皇は、八〇〇年にはフランク王国を率いていたゲルマン人のカール大帝に西ローマ帝国皇帝の帝冠を与え、九六二年には東フランク王国のオットー一世にローマ皇帝の帝冠を授けます。これが神聖ローマ帝国の起源となりました。ですからこの時点ではヨーロッパには、神聖ローマ帝国とビザンツ帝国の二つの帝国と二人の皇帝がいたことになります。

岡本　神聖ローマ帝国もビザンツ帝国も、どちらもローマ帝国の後継者であるという位置づけだったから、帝国を名乗ることができたわけですね。逆にいうとそのほかの国や王が、帝国や皇帝を名乗ることはありませんでした。ただし時代が下って一九世紀にもなると、ヨーロッパでは帝国と皇帝が林立する状態になっていきます。

君塚　ほかの国々から「あの国は力がある」とみなされれば、帝国や皇帝を名乗ることが認められるようになっていきました。ソ連のセルゲイ・エイゼンシュテインが監督を務めた『イワン雷帝』(一九四四〜四六年)という映画がありますよね。

岡本 はい、古典的名作です。

君塚 あの映画は、一六世紀半ばにモスクワ大公国を継承したイヴァン四世が、戴冠式の場面で「イワンはここにツァーリ、すなわち皇帝に即位する」と宣言するところから始まります。これに対してヨーロッパ各国から列席していた代表者たちは、「大公には皇帝に即位する権利はない」「ヨーロッパが承認しない」「教皇への侮辱だ」「ローマ皇帝は反対する」と、こぞって否定的な言葉を口にしますが、一人だけ「強くなれば皆認めるさ」と呟く人物が登場します。

この呟きが現実となったのが一八世紀です。ロシアは一七二一年にスウェーデンとの北方戦争に勝利して大国の仲間入りを果たしました。その後、神聖ローマ皇帝を代々継承してきたハプスブルク家が、折から始まったオーストリア継承戦争を有利に戦うためにロシアを引き込みたいという思惑から、ついにロシア皇帝の存在を認めます。するとハプスブルク家が認めたことで、フランスやイギリスも認めざるを得なくなり、晴れてロシア皇帝はヨーロッパ社会で公認されることになりました。

そして一九世紀にはナポレオンが、まさしく力を駆使して皇帝の座につきます。おもしろいのはナポレオンですらも皇帝になったあとは、ローマ帝国の継承者としての正統性をほしがったことです。ハプスブルク家からマリー゠ルイーズを皇后として迎え、生まれてきた子どもにはローマ王の称号を与えました。

このころからヨーロッパは、歴史的に見て帝国や皇帝がもっとも多い時代に入ります。ナポレオンの甥のナポレオン三世も皇帝に即位しましたし、イギリスは国王の国ではありましたが大英帝国と呼ばれていて、ヴィクトリア女王はインド皇帝も兼ねていました。一九世紀後半には、ドイツ帝国も成立します。

ナポレオン３世（1808〜1873）

ヴィクトリア女王（1819〜1901）

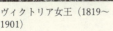

ドイツ帝国の誕生
ヴィルヘルム１世の即位式を描いた1885年の絵画。白い軍服の人物は宰相ビスマルク、手前の左向きの人物は参謀総長モルトケ

岡本　一方でヨーロッパではこの時期になると、皇帝の国だろうが国王の国だろうが、対等な国際関係が結ばれるようになってきますよね。もちろん「家格」はあったかもしれませんが、帝国のほうが王国よりも上であるということはなくなった。

君塚　そうですね。そこは東アジアとは違うところかもしれませんね。東アジアは中国が突出していて、帝国や王国が並立するようなことは許されませんでしたからね。

岡本　東アジアにも、実際には帝国はいくつもありました。日本は天皇を戴く国ですし、ベトナムにも皇帝がいました。また中国の中でも「三国志」以来、同時期に複数の人物が皇帝を名乗っている状態は珍しくありませんでした。ただし実相はどうであれ、中国王朝は帝国や皇帝がほかにも存立している状況を認めようとはしませんでした。

中国では、皇帝は天子とも呼ばれていました。天子とは、天から天下を統治するように天命を授かった者のことをいいます。天は一つであり、天命を授かった者も一人です。また華夷秩序といって、自分たち文明人が暮らす「中華」と野蛮人が暮らす「外夷」に世界を分けていました。ですから中華的な世界観では、皇帝が複数並び立つことはあり得ませんでした。また天子が治める範囲も天下全体、つまりは全世界ですから、帝国がほかに存在することもあろうはずがないことでした。もちろんこんなのはフィクションですが、そのフィクショナルな世界観の上に成り立っていたのが中華王朝だったのです。近代に入るまで中国は、何だかんだ言っても東アジア世界においては他を圧倒する存在でしたから、その世界観を守ることができていました。そこは君塚先生がおっしゃるように、各国の勢力が拮抗する中で、皇帝を名乗る人物が複数現れても一定程度許容されてきたヨーロッパとは違うところです。

ところがやがて中国も、そのフィクショナルな世界観の抜本的な変更を迫られることになります。それがちょうど今回の対談で、これから検討の対象とする時期にあたります。

君塚　ここまでの議論によって、「帝国とは何か」についてのおおまかな素描はできたかと思います。では、そろそろ本論に入っていくことにしましょうか。

第1章

ヨーロッパと中華世界、東西の帝国の邂逅

――長い一八世紀、産業革命、アヘン戦争、アロー戦争、太平天国

第１章の主なできごと

1600　イギリス東インド会社設立

▼
▼

1701　スペイン継承戦争（～1714）
1702　アン女王戦争（～1713）
1754　フレンチ＝インディアン戦争（～1763）
1756　七年戦争（～1763）
1757　プラッシーの戦い
1760年代　第一次産業革命
1775　アメリカ独立戦争（～1783）
1793　マカートニーが乾隆帝に謁見
1803　ナポレオン戦争（～1815）
1837　ヴィクトリア女王のイギリス国王即位
1840　アヘン戦争
1842　南京条約の締結
1851　太平天国の乱（～1864）
1853　クリミア戦争（～1856）
1853　ペリーの浦賀来航
1856　アロー戦争（～1860）
1857　インド大反乱（～1859）
1858　ムガル帝国の滅亡
1868　明治維新
1877　ヴィクトリア女王のインド皇帝即位
　　　（英領インド帝国の成立）

▼
▼

1946　第一次インドシナ戦争（～1954）
1954　アルジェリア戦争（～1962）

乾隆帝が名君になったのは、イギリスのおかげ？

君塚　歴史学に「長い一八世紀（一六八八〜一八一五年）」という用語があります。フランスでいうと、一七世紀末のルイ一四世の治世ごろから、ナポレオンが大敗を喫して大西洋の孤島のセントヘレナに流されることになった一八一五年のワーテルローの戦いあたりまでを指します。これから論じることになる一九世紀以降の近現代の世界のありよう、とりわけこのころからアジアがヨーロッパの劣位におかれるようになった背景を把握するためには、まずはその一時代前の「長い一八世紀」の期間にヨーロッパで起きたことを押さえておくことが重要になります。

「長い一八世紀」は、イギリスとフランスが第二次英仏百年戦争と呼ばれる武力衝突を長期にわたって繰り広げた時期とほぼ一致します。この期間のヨーロッパでは、スペイン継承戦争や七年戦争、ナポレ

ナポレオン1世（1769〜1821）

オン戦争など、さまざまな戦争が起きましたが、英仏はどの戦争でも常に対立関係にありました。一方で両国はヨーロッパの中だけでなく、インドや北アメリカでの植民地の獲得をめぐっても対立を深め、北アメリカではアン女王戦争やフレンチ＝インディアン戦争、アメリカ独立戦争、インドではプラッシーの戦いなどを戦います。

第二次英仏百年戦争は、最終的にイギリスの勝利に終わりました。その背景には、財政＝軍事国家と呼ばれる体制をイギリスが確立していたことが挙げられます。イギリスでは直接税も間接税もジェントルマン（地主貴族）階級がもっとも多く負担し、イングランド銀行が国債を発行して集めたお金を軍備に投入ずることで、軍事面で常にフランスよりも優位に立つことができたわけです。対するフランスでは貴族や教会は直接税を免除され、中央銀行ができたのも「長い一八世紀」が終わるころの一八〇〇年のことでした。そういう意味でイギリスは、ヨーロッパの中でもいち早く近代国家としての体裁を整えたといえます。

一八世紀末から一九世紀初頭に起きたナポレオン戦争後は、ほかの国々もイギリスのやり方をどんどん吸収していくようになります。そしてヨーロッパの主要な国々が近代化を成し遂げたころに東アジアで起きたのが、アヘン戦争やアロー戦争であり、あるいはペリーの来航でした。さらにその後西欧列強は、帝国主義の時代へと向かっていきます。

岡本　今、君塚先生は第二次英仏百年戦争を軸に「長い一八世紀」のヨーロッパの情勢をさらりとご説明してくださいましたが、本当はさらりと話せることではありませんで（笑）、当時のヨーロッパで起きたことは世界史的に見てとんでもないことでした。財政＝軍事国家が確立されるとともに、産業革命も起きますよね。これにより、それまでの歴史ではあり得なかったような大量の物資を動員して、ヨーロッパの外へと進出していくことが可能になりました。

一方の東アジアはといえば、「長い一八世紀」の時期にはさしたる変化は起きておらず、基本的には前の世紀の延長線上にありました。ただし世界はつながっていますから、内側は変わらなかったけれどもヨーロッパが変化したことで、東アジアも当然その影響を受けることになります。

乾隆帝（1711～1799）

君塚　「長い一八世紀」の時期、中国では清朝が全盛期を迎えますよね。康熙《こうき》帝、雍正《ようせい》帝、乾隆《けんりゅう》帝という名君を三代続けて輩出しました。

岡本　この三代でおよそ一七世紀末から一八世紀の

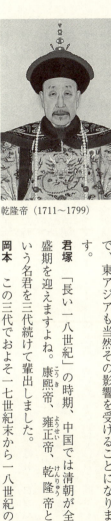

終わりまで。まさしく「長い一八世紀」に重なりますが、中国史の黄金時代といっても過言ではないほどの平和と繁栄を謳歌した時代でした。これを実現できたのは、実はヨーロッパのおかげ、特にイギリスのおかげといってもいいんですね。

一八世紀の初めまで、イギリスと清朝の貿易額はわずかなものでした。しかしイギリスが大変革を遂げたことで、状況は変わってきます。イギリスが中国の豊富な物品に目を向ける余裕が出てきたからです。特に彼らが欲しがったのがお茶でした。折しもイギリスでは喫茶が人々の新たな文化として根づきつつあったのですが、お茶を手に入れるためには中国からの輸入に頼るしかなかったためです。一方中国の側は、これといってイギリスから欲しい物品はありませんでした。そのため貿易は中国サイドから見れば圧倒的な輸出超過となり、大量の銀が国内に流入します。これにより中国は未曽有《みぞう》の好景気に沸き、また国が豊かになったことで、人口も爆発的に増えました。一八世紀後半のことで、当時は乾隆帝が皇帝の座についていましたから「乾隆の盛世」と呼ばれました。

乾隆帝は軍事面ではモンゴル族のジュンガルを倒し、彼らが支配していたチベットや新疆を手に入れ、清朝の版図を最大にします。清朝はヨーロッパから大砲を入手できていたために、終始戦いを優位に進めることができたのです。

マカートニーを謁見する乾隆帝

イギリスの風刺画家ギルレイによる1792年の絵画。謁見の前年の想像画で、横柄さを感じさせる乾隆帝と、紳士的なマカートニーという対照的な描写。公益財団法人東洋文庫にも所蔵する　提供：akg-images / アフロ

中国史学の泰斗《たいと》である宮崎市定《みやざきいちさだ》先生は、「名君によって治世となり、暗君によって乱世になるのではなく、好景気で治世のときに皇帝に在位していたから名君と呼ばれることになった」といった意味の言葉を残しています。清朝で三代にわたって幸運にも好景気が続き、いずれの皇帝も名君と呼ばれることになったのは、ある意味ヨーロッパのおかげといえます。

君塚　一八世紀は、当時東西の二大帝国であったイギリスと清朝が初めて相まみえた時期だったといえます。外交官のマカートニーが

全権大使として時の皇帝の乾隆帝に謁見し、国交の樹立と貿易の拡大を求めたのは一七九三年のことでした。そのときにはマカートニーは乾隆帝から「我々は外夷の物品に頼る必要などまったくない。茶や生糸、磁器がないと、おまえらが困るだろうから恵んでやっているだけなのだ」とけんもほろろにあしらわれてしまいました。

岡本　乾隆帝は華夷意識を剝き出しにして、完全にイギリスのことを見下していましたよね。一方のマカートニーは清朝の状況をつぶさに観察した結果、「大きな図体と外観だけにものを言わせ、近隣諸国を何とか畏怖させてきた古くてボロボロに傷んだ戦闘艦に等しい」「やがて岸にぶつけて粉みじんに砕けるであろう」といった言葉を残しています。繁栄の陰でじわじわと忍び寄りつつあったこの大国の衰退の予兆を、マカートニーは的確にとらまえていました。

君塚　一七世紀、一八世紀までは、ヨーロッパ人にとって中国はあこがれの存在でした。ヨーロッパをはるかに凌駕《りょうが》するさまざまな高度な文物を有していましたからね。

岡本　インドに対しても同じだったと思いますよ。中国の陶磁器にせよ、インドの綿布にしても、そういった文明品を直接目で見て手で触ってみたときに「これは敵わない」と思ったに違いません。さらにはイエズス会の宣教師たちが「中国では理想的な政体で政治がおこなわれている」といったいい加減なことを報告するから、ますます畏敬《いけい》の念が深まった。その意識が変わり始めたのは、マカートニーが乾隆帝に謁見した一八世紀末ぐらいからです。「これは話に聞いていたのとはまったく違うではないか。もう終わりつつある国だぞ」とマカートニーは思うわけですね。ただし、まだそのころは経済や科学技術、軍事などの各分野でヨーロッパが主導権を握りつつあったとはいえ、決定的な差はついていませんでした。明らかにヨーロッパ優位になったのは、一九世紀に入ってからです。

もともとヨーロッパはとても貧しかった

君塚　ヨーロッパと東アジアを比べると、もともとは東アジアのほうが圧倒的に豊かで、ヨーロッパのほうが貧しいですよね。

一粒の穀物の種から何粒の収穫が得られるかを収量倍率といいますが、米と小麦とでは収量倍率はまったく違っていて、ヨーロッパ人が主食としている小麦は生産効率がとても悪いんです。しかも西ヨーロッパは土壌も恵まれているとはいえませんでした。収量倍率についてはさまざまな研究がありますが、中世のころの西ヨーロッパの小麦の収量倍率は、一対二や一対三程度だったといわれています。つまり畑に一粒種を蒔いたときに、二粒か三粒しか取れなかった。来年畑に蒔くぶんの種は残しておかなくてはいけませんから、食糧に回せる種は非常に限られていました。さすがに一七世紀、一八世紀ごろになると収量倍率は高まってはきますが、それでも一対四とか一対六程度でした。一方、米は奈良時代ですでに、一対二〇といわれていますし、時代が下るにつれ、いよいよ増えてきます。そもそも勝負になりません。

岡本　米と小麦とでは、同じグラム数で摂取できるカロリーの量も断然米のほうが高いですよね。また米は加熱をすればすぐに食べられますが、小麦はパンにするまでにかなり手間ひまをかけなくてはいけません。

君塚　そのとおりです。ですからヨーロッパの人たちは、長年苛酷な環境におかれてきたわけです。生き抜くためには、農具や水車の改良を重ねるなど、知恵を働かせるしかありませんでした。

岡本　有り体にいえば、ヨーロッパの人たちは機械化を図っていかないことには豊かになれませんでした。一方東アジアの人たちは、機械化しなくても十分にやっていけた。この違いは大きいですね。

君塚　そうした中で一八世紀半ば、イギリスで産業革命が起こります。この産業革命が、まさにその後のヨーロッパ社会や経済を変える分岐点となりました。ただしそれまで劣勢に立たされていたヨーロッパがアジアと肩を並べ、やがて大きく引き離すことができた理由は、産業革命だけではありません。産業革命の前後、ヨーロッパではイギリスを中心にほかにもいくつもの「革命」が起きました。ヨーロッパが飛躍的な成長を遂げることができたのは、そうしたさまざまな革命が重なり合った結果といえます。

まず産業革命より前の一六世紀から一七世紀にかけて起きたのが科学革命です。担い手となったのは、ガリレオやニュートン、ケプラーといった科学者たち。望遠鏡や顕微鏡を用いた緻密な観察や実験によって、自然現象の法則が次々と明らかになっていきました。この時期、自然科学の基本体系が確立されたことが、その後の産業革命へとつながっていくことになります。

一方、イギリスで起きた産業革命の担い手となったのは、商工業を営む市民階級や医師、弁護士等の専門職階級、さらには地主貴族階級でした。彼らの中には科学に興味を抱く者が多く、同好の士のあいだで意見やアイデアをぶつけ合うための場として、さまざまな会合が結成されました。そうした会合の中から、蒸気機関をはじめとした技術革新が次々と生み出されていったわけです。当時イギリスでは、彼ら「中位の階層の人々」層が他のヨーロッパ諸国に先駆けて分厚い層を形成するようになっており、自由な活動を許されていました。これがフランスやドイツではなく、イギリスで最初の産業革命が起きた大きな要因になりました。

そして産業革命が始まると工場労働者の需要が高まり、それまで農業に従事していた人たちが工場で働き始めます。新たに発生した工場労働者を養うためには、農村から都市へと大量の農作物を供給しなくてはいけなくなったわけですが、イギリスではちょうど同時期に農業技術が飛躍的に発展した農業革命が起き、それが可能になっていました。

さらには一五世紀から始まる大航海時代以降進行していた商業革命によって、作った製品を売りさばくための海外市場も確保されていました。また工場を建設するために必要となる資金についても、金融革命によって債券の発行をはじめとした金融の諸制度が確立されていたことで、施設・設備への大規模な投資ができるようになっていました。

岡本　イギリスやその後のヨーロッパ諸国で起きた一連の革命を、我々は驚異の目でとらえなくてはいけません。これは当時のヨーロッパが科学技術の進展や市民社会の成立、近代的な政治・経済システムの整備などいくつもの条件をクリアできたから、起こすことができた奇跡です。アジアやほかの地域では到底あり得ないことでした。

産業革命をはじめとした一連の革命を契機に、ヨーロッパとアジアの経済発展のスピードに圧倒的な差が生じます。またヨーロッパが市場を求めてアジアへの進出を強めたことにより、経済面だけではなく政治的にも軍事的にもアジアはヨーロッパの風下に立たされました。この圧倒的な差を目の当たりにしたとき、日本、そしてやや遅れて中国も、ヨーロッパ諸国のような近代国家の確立をめざすことになります。

君塚　日本の場合は明治維新後、かなり短期間でいわゆる「西欧列強の仲間入り」を果たすことができました。

岡本　そうですね。一方の中国は大変な困難を強いられました。ただしその困難さは中国に限ったことではありません。むしろ簡単に仲間入りを果たすことができた日本のほうが特異でした。今はグローバルサウスをはじめとした新興国の伸張が顕著ですが、第二次世界大戦後のかなりの時期まで、非欧米諸国は欧米諸国の経済的な従属下におかれていました。

イギリスの植民地統治の合言葉「まずチーフを見つけろ」

君塚　ここからは一八世紀から一九世紀にかけてのアジア、中でも中国の情勢と、この時期の西欧列強、中でもイギリスがアジアや中国にどのように関わっていったかを見ていきたいと思います。

先ほども触れたように「長い一八世紀」では、イギリスとフランスが勢力圏の拡大をめぐってことごとく対立し、南アジアのインドもその舞台のひとつとなりました。インドにおけるイギリスの優位は、一七五七年のプラッシーの戦いに勝利を収めたことで決定的なものとなり、敗れたフランスは代わりにインドシナ半島に目を向けるようになります。イギリスはインドについては、まず東インド会社が統治を開始し、その約一〇〇年後の一八七七年からは、インド帝国を成立させてヴィクトリア女王がインド皇帝に即位。直接統治に乗り出しました。

岡本　イギリスとフランスは一九世紀末からは、今度はアフリカで植民地の獲得競争を繰り広げましたよね。同じ植民地帝国として、長らくライバル関係にありました。

君塚　イギリスの植民地統治の特徴は、フランスと比較してみるとより明瞭になります。フランスはパリの政府がすべてをコントロールしようとしました。また植民地経営については英仏の先輩格にあたるスペインやポルトガルも、やはり中央政府主導型でした。

一方イギリスは「有益なる怠慢」といいまして、現地にお任せするスタイルをとっていました。東インド会社は、軍隊を持つことやアジア貿易を独占的におこなう特許を国から与えられてはいましたが、国営会社ではなく、もともとは商人たちが設立した貿易会社です。その民間会社である彼らに間接統治をさせたわけです。結局東インド会社も最後は組織内の腐敗が進んだことや、インド民衆によるインド大反乱を招いたことが問題視されて解散を命じられ、その後はイギリス政府が直接統治をおこなうことになるのですが、それにしてもイギリスはぎりぎりまで「有益なる怠慢」を続けました。

これはなぜかと言いますと、イギリスは本国自体は本当に小さな国です。面積は日本の六割強ですし、人口だって当時はそこまで多くはなかった。そんな国が続々と海外に進出して植民地を経営するためには、東インド会社のような特許会社に委ねたほうが効率的であり安上がりだったのです。

もちろん東インド会社のイギリス人だけで、インドのような広大かつ人口の多い地域を統治するのは不可能です。そこで利用したのがマハラージャやラージャといった現地の王侯です。東インド会社が直接統治する地域とは別に、彼らに一定の自治を与えたうえで統治させたのです。

現地のリーダーを上手に使うのは、その後もイギリスが得意技としていったことです。イ

※スミアミ部分が大英帝国の領土。ただし、1901年時点では、エジプトは保護国、スーダンはエジプトとの共同統治

大英帝国の版図（1901年）
出典：君塚直隆『物語 イギリスの歴史（下)』（中公新書）

ギリスは一九世紀末からはエジプトやスーダン、南アフリカといったアフリカ諸地域に進出していくわけですが、そこでの合言葉は「まずチーフを見つけろ」でした。部族のリーダーになり得る人物を手なづけ、彼らにはある程度の特権は与えるが、自分たちの支配下にはしっかりと組み込んでおくわけです。これは褒められたことではありませんが、イギリスは植民地支配については経験を重ねる中でどんどん手練《てだ》れになっていきました。

岡本 イギリスとフランスとでは、植民地に対する関与の仕方が大きく違ったということですね。

君塚 そうなんです。第二次世界大戦後、アジアやアフリカで独立運動が活発化しましたが、フランスの場合は現地に入り込んでいたぶん、簡単には植民地を手放すことはできませんでした。特にアルジェリアには、コロンと呼ばれる人々がフランスから数多く入植していました。ですからアルジェリアがフランスからの独立を求めて始まったアルジェリア戦争は、フランスが頑強に独立を認めなかったために泥沼化しましたし、ベトナムがフランスからの独立を求めて戦ったインドシナ戦争も同様でした。

対照的にイギリスは、第二次世界大戦後は植民地にしていた国々から比較的あっさりと撤退していきました。もちろんインドについては、一九四七年にインドとパキスタンに分離独立するかたちで独立したときには大変な混乱が生じたのは事実です。ヒンドゥー教徒とイスラーム教徒のあいだで暴動が起こり、一〇〇万人もの人々が亡くなりました。また独立後はすぐに印パ戦争が起きました。ただしイギリスはすでにその時点ではインドから手を引いていたために、イギリス自身が深手を負うことはありませんでした。

官と民が離れすぎてしまった清朝

君塚　イギリスは植民地統治のスタイルだけではなく、国内の政治体制もかなりユニークでした。一八世紀から一九世紀にかけて、イギリスではジェントルマンと呼ばれる地主貴族階級が政治や経済を支配していました。彼らは貴族院や庶民院の議員、あるいは国や地方の行政官となって政治や行政に関わっていたのですが、まったくの無給でした。ジェントルマン階級が社会に奉仕することはノブレス・オブリージュ、つまり「高貴なる者の責務」とされていたからです。もちろん無給でもやっていけたのは、自分たちが有している地代によって裕福な暮らしができるだけの収入を得ることができていたからなのですが……。

こんなふうに当時のイギリスでは、ジェントルマン階級がずいぶん幅を利かせていました。

ですからイギリスは、皇帝や国王が強力な権限を行使して国を支配する絶対（専制）君主制にはなりようがありませんでしたし、皇帝や国王を頂点とした官僚制の国にもなりえなかった。そこは皇帝の下に官僚制がしっかりと定まっていた清朝などと比べても、大きく違うところではないかと思います。

岡本　いや、清朝は漢人に対しては官僚制の国ではあり、その組織は定まっていましたが、官僚が国をがっちりと統治していたとは、とてもいえないですね。彼らがやっていた行政サービスといえば、税金の取り立てと刑罰のいいわたしぐらい。そもそも官僚たちは、小作人のような下々の人たちのことは目に入っていません。農村でいえば地主、都市でいえば大商人といったその地域を構成する核となる人たちだけは押さえておき、そこから税金を徴収することで宮廷や官僚機構を維持できれば、あとは民間から不満が出ないように好き勝手にやらせてあげる、というのが清朝の統治システムだったのです。

また清朝は、漢人の居住地だけではなくモンゴルやチベットも支配下においたわけですが、それぞれの地域で旧来の統治システムをそのまま継承しました。チベットでいえば、ダライ・ラマを頂点としたチベット仏教による祭政一致の統治が、清朝に組み込まれたあともずっと維持されました。清朝のやり方を強引にチベットに押しつけるようなことはしなかったのです。ただし国がバラバラにならないように、全体を束ねる存在として清朝の皇帝が最上部に君臨していました。

つまり清朝という帝国の中には、いろいろな人が暮らしていたわけですが、ある程度治安が保たれていて人々が従順であれば、それ以上は細かく管理しないという統治構造でした。ひと口に中国王朝といっても、その統治システムは歴代王朝ごとにもちろん多様ではあります。基層社会にまで緊密な統治を及ぼそうとする王朝もあれば、そこは放置しておく王朝もありました。概して前者は政策的に失敗していまして、長続きしていません。清朝はその中でも後者の代表例であり、ひいては東アジア的な帝国のありようのひとつの典型といえます。

君塚　それは東アジアに限らず、国民国家成立以前の帝国のありようのひとつの典型といえるかもしれませんね。広大な支配領域の中で暮らしているさまざまな民族をひとつの原理で厳格に管理していくというのは、当時の帝国のマンパワーからして困難でした。

岡本　そうですね。ただ清朝の場合、官と民が離れすぎてしまったといいますか、一九世紀になると官僚が民間の動きを抑えきれなくなっていきます。というのは序章でも話しましたように、一七世紀まで約一億人だった清朝の人口は、一八世紀半ばには三億人を超え、一九世紀初頭には四億人に達します。一方清朝の国家財政規模、官僚機構の組織規模は、一八世紀を通してまったく変わっていません。当時はひどいインフレが進行していましたから、財政規模についてはむしろ目減りしていました。普通は人口が増えれば、それに合わせて財政規模も行政の規模も拡大させるものですが、これを実行するには大規模な行財政改革が不可避になります。ところが清朝は、改革に伴って王朝内で生じる軋轢《あつれき》を恐れて手を出せずにいたのです。

限られた数の官僚や役人で、膨大に膨れ上がった民衆を統御するのは不可能です。ちょうどこのころから、イギリスと中国社会の民間レベルで結成された秘密結社とのあいだでアヘン貿易が活発化し始めるのですが、清朝の官僚や役人のマンパワーではとても取り締まりなんてできません。ちなみにアヘンは日本にも入り込んできましたが、日本の場合は役人がしっかりと社会を統治していましたから、水際でシャットアウトできました。ですからこんなことを言うと怒られるかもしれませんが、清朝はアヘンを受け入れてしまうような社会構造だったわけです。

イギリス商人からアヘンを買ったのは誰か?

君塚　麻薬のアヘンを中国に持ち込んだのは、誰もがよく知っているようにイギリスです。イギリスは一八世紀以降、大量のお茶を中国から輸入するようになったのですが、代わりに売るものがなかったために、銀で支払わなくてはならず、膨大な量の銀が中国に流出していった。「これはまずい」ということで、インド産のアヘンを中国に輸出することで利益を上げ、流出していた銀を回収しようとした、といったことが世界史の教科書には書かれています。

それはそのとおりなのですが、イギリスは長期的な見通しがあってアヘン貿易を始めたわけではありません。そもそも禁制品ですから、うまい具合に密輸できるかどうかもわからなかった。ところがやってみると存外うまくいったものだから、本格的に商品作物化をして大量生産を始めたというのが流れです。

岡本　存外うまくいったのは、中国の中にアヘンを買う人がいたからです。当たり前のことですが、商取引は売り手と買い手の双方がいることで成立します。では誰が買ったかといえば、さっき話したように秘密結社の連中です。そして彼らが中国国内で売りさばいたから、アヘン漬けの人が急増していったわけです。当時、清朝が認めた唯一の外国貿易港であった広州《こうしゅう》で水揚げされたアヘンは、山を越えて湖南《こなん》省に入って長江にまで運ばれ、長江から船で各地にばらまかれるうちにどんどん価格が跳ね上がっていきました。秘密結社にとっては、またとない資金源になりました。
アヘン貿易というと、アヘンを中国に持ち込んだイギリスばかりがクローズアップされますが、「買ったのは誰ですか?」ということにも本来は目を向けなくてはいけません。そのあたりのことは、世界史の教科書ではスルーされていますけどね。

君塚　岡本先生がおっしゃった「清朝はアヘンを受け入れてしまうような社会構造だった」というのはそういうことですね。

岡本　そうです。なぜアヘンの売買をするような秘密結社が形成されたのかといえば、清朝政府がウルトラ・チープ・ガバメントだったからです。貧しい人たちに対して何の手だても講じず、また講じられるだけの能力もなかった。人々は政府がまったくあてにならないので、生きていくための手段として秘密結社を結成し、そこに身を寄せざるを得なかったということです。
アヘン密輸が横行し、中毒者の増加とともに治安が悪化すると、さすがに清朝政府もこれを見過ごすわけにはいかなくなりました。国内へのアヘンの流入を絶つ選択肢としては、中国にアヘンを持ち込んでいるイギリスの側を潰すか、イギリスからアヘンを購入して国内で売りさばいている秘密結社の側を潰すかの二つがあります。「どちらのほうがたやすく潰せるだろうか」と天秤にかけた結果、清朝は「イギリスのほうが簡単だろう」と判断しました。皇帝の道光帝《どうこうてい》はアヘンを取り締まるために林則徐《りんそくじょ》を欽差《きんさ》大臣に任命し、広州に派遣します。そして林則徐がイギリス人商人からアヘンを没収して焼却したところ、イギリス側が反発してアヘン戦争になったわけです。

君塚　アヘン戦争は、イギリス軍と清軍のあいだで起きた戦争ということになっていますが、正確にはイギリスの正規軍ではなく、東インド会社の軍隊が勝手に始めた戦争です。それをイギリスの議会が後追いで承認するかたちになりました。

岡本　そうですね。ですから「アヘン戦争が始まったのは正確にはいつからか」という問いにちゃんと答えるのは実は結構難しいんです。

君塚　すでに一八三九年の時点から、軍事衝突は始まっていましたからね。教科書でアヘン戦争の勃発が一八四〇年とされているのは、イギリスの議会で清朝との開戦が決議されたのが一八四〇年だったからです。開戦の是非をめぐっては議会内でも相当紛糾し、わずかな票差で可決しました。「麻薬のアヘンを売りつけておいて、相手が拒んできたから戦争を起こすというのは、さすがにそれは正義に反する戦争である」というのが反対派の議員の主張でした。

岡本　イギリス本国には、アヘン貿易をめぐる当時の清朝の動きや、東インド会社やイギリス商人と清朝とのあいだで起きた衝突に関する詳細な報告資料が送られてきていました。イギリスの大臣や議員たちは、それらの資料を読み込んだうえで議会に臨んでいました。まったくなじみのない中国の地名や役人の名前、事項が多く出てくる資料を読んで、彼らがそれを理解できたとはとても思えませんが、おおまかな情勢は把握できたはずです。

逆に清朝側は、当時のことについてほとんど資料を残していません。ですから中国史の研究者がアヘン戦争前後の清朝の状況をつかむためには、イギリスの資料にあたるしかないんです。清朝が資料を残していないということは、現場で対応していた役人は懸命だったかもしれませんが、上のほうの連中は広州で何が起きているかを知ろうとはしなかったということです。

君塚　欽差大臣を務めた林則徐については、岡本先生はどう評価されていますか。

岡本　当時としては珍しく有能な官僚だったとは思います。ただ仕事はできる人ではあったでしょうが、基本的な思考様式はこれまでの官僚の枠を超えるものではありませんでした。だから上から「アヘンを没収して焼却しろ」と言われたら、言われたとおりに没収して焼却した。優秀なものだから、きわめて手際よくね。そうしたら大変なことになってしまったわけです。そこから彼は「これはいけない。事態に適切に対応するために状況を把握しなければ」と情報収集に取り組み始めたわけですが、遅いですよね。最初のうちは、ほかの官僚連中と同じで、やはり現地のことをわかっているとはいえませんでした。

官と民が一体となっていれば、アヘン戦争はイギリスに勝てていた⁉

君塚　アヘン戦争は、武力に勝るイギリス側の勝利となりました。ただしイギリス軍も苦境に陥った場面がありました。広州を占領したイギリス軍の兵士たちが、女性に暴行をしたり、家畜の鶏や豚、牛を奪ったりというようにあまりにひどい乱暴を重ねたものだから、怒った民衆が立ち上がって「平英団《へいえいだん》」という旗を掲げ、イギリス軍に戦いを挑んだのです。その数は一万人余りに達しました。民衆だからたいした武器は持っていませんでしたが、地の利を活かした戦術でイギリス軍を包囲し、もう少しで全滅させられるかもしれないというところまで追い込みました。

ですから私は思うのですが、もしあのとき官と民が一体となって総力戦でイギリス軍に立ち向かっていたならば、アヘン戦争の勝敗のゆくえはどうなっていたかわからなかったのではないでしょうか。ただ岡本先生がおっしゃるように、清朝は官と民の乖離《かいり》が激しかったから、そんなことは非現実的なのでしょうが……。

岡本 まずそもそもアヘン戦争では、官があまりにも頼りなかった。戦意に乏しい兵士ばかりで、品行にも問題がありました。

一方民衆も、まったくもって一枚岩ではありませんでした。民衆の中でも平英団のようにイギリスに敵対する集団もいれば、逆にイギリスに協力する集団もいました。国内でアヘンを売りさばいていた秘密結社の人たちです。もしイギリス商人がアヘンを売ることを禁じられてしまったら、自分たちも困るわけですからね。彼らは清朝の側からは「漢奸《かんかん》」と呼ばれていました。売国奴という意味です。

平英団に加わった人たちと漢奸と呼ばれた人たちとでは、アヘン戦争のときにとった行動は正反対ですが、彼らが生み出された根っこは同じです。繰り返しになりますけれども、清朝がウルトラ・チープ・ガバメントであったために、民衆は自分たちが生きていくための術を自分たちで確保するしかありませんでした。その術として結成されたのが、平英団であり秘密結社でした。

私はこうした組織のことを「中間団体」と呼んでいます。中間団体は、医療や介護、葬儀などで互いに協力しあう相互扶助の組織として、清代を通して各地で結成されていきました。中間団体は一八世紀のある時期までは、地域の郷紳《きょうしん》などが組織を束ね、清朝当局に対しても反抗しなかったために大きな問題は起きなかった。ところが一八世紀半ば以降、人口の急増とともに当局が統御できない中間団体が増え、密輸に加担したり、反政府的な行動をとったりするようになっていくんです。

ですから清朝の特徴は、官と民が著しく乖離しているのと同時に、民衆レベルでも中間団体が林立しており、民もバラバラだったということです。こうしたさまざまな意味でバラバラであるという状態は、中国ではその後もずっと続くことになります。少し話が先走りますが、近代化を成し遂げるために、または国民国家を成立させるうえで、このバラバラな状態を解消して人々をどうひとつにまとめあげていくかが、やがて中国の重要な課題になっていきます。ただしそれはまだ先の話です。

アヘン戦争では清朝は何も変わらなかった

君塚　アヘン戦争の結果、清朝はイギリスとのあいだで南京条約を結ばされます。この条約によって清朝は、広州に加えて上海などの五港の開港や香港の割譲、賠償金の支払いなどを認めさせられました。いわばアヘン戦争は、清朝と大英帝国という東西の大帝国がぶつかり合い、東洋が西洋に屈した戦いという見方もできます。清朝は、かつて乾隆帝がけんもほろろにあしらった国に敗れたわけです。ただしこの戦争での敗北が、「中華こそが世界の中心である」という清朝の世界観にいかほどの衝撃を与えたかというと……。

岡本　何も衝撃は受けていません。アヘン戦争の前と後とでは、清朝は何も変わりませんでした。

君塚　はい。私もそう思います。

岡本　南京条約によって港を開かされたり香港を割譲させられたりしたことを、清朝は「撫《ぶ》夷《い》」と呼びました。撫夷とは「夷狄《いてき》を撫《な》ける」という意味です。前にも少し触れましたが、中華思想では世界を文明人が住む「中華」と、その外側で野蛮人が暮らしている「四夷」ないしは「夷狄」に分けていました。夷狄は禽獣《きんじゅう》に等しいものとされてきました。ですから清朝が南京条約を撫夷と呼んでいたということは、「獣に等しい野蛮人たちがいろいろとうるさいから、ここは少し餌でも与えて撫で撫でしておけば、やがておとなしくなるだろう」程度のものとして条約をとらえていたということです。清朝はイギリスをおとなしくさせるための餌として、港や香港を与えたわけです。

また中華の王朝が夷狄であるイギリスに戦争で敗れたことは、とりたてて恥ずべきことでもありませんでした。中国を支配していた儒教思想では、武力の誇示は蔑《さげす》むべきこととされてきたからです。歴代王朝の歴史の中でも、中華が夷狄に戦争で敗れることはしばしばありました。

君塚　南京条約を結ぶことでイギリスが清朝に期待していたのは、自由貿易の促進でした。これはマカートニーが乾隆帝に謁見した時代から、ずっとイギリスが切望してきたことでした。ところが清朝の側の意識は撫夷なわけですから、態度が変わるはずがありません。南京条約を結んだあとも、貿易はいっこうに拡大しませんでした。

そこで業を煮やしたイギリスが、清朝に仕掛けたのがアロー戦争でした。アロー戦争は、広州湾に停泊していた香港船籍のアロー号に清朝の官憲が立ち入り、船員を逮捕するとともにイギリス国旗を引きずり下ろしたアロー号事件に端を発しています。イギリスはこれに抗議するという口実で、フランスを引き込んだうえで清朝に宣戦布告をしたのです。

アロー戦争でも清朝は敗北。今度は天津《てんしん》条約と北京条約を結ばされて、天津などの一一港の開港や外国公使の北京駐在、キリスト教の布教の自由などを認めさせられます。またこの戦争の講和の仲介役を担ったロシアには、アムール川流域と沿海州の土地を譲渡することになりました。

岡本　イギリスはアヘン戦争のときには、東インド会社が先走ってしまったことにより、行きがかり上やむなく開戦を選択したという面がありました。しかしアロー戦争では最初から本気でした。

アヘン戦争はイギリス軍が広州や上海を占領し、南京に迫るところで終わりました。一方アロー戦争では英仏連合軍が広州を占領したうえで北上し、天津、さらには首都の北京まで占領します。そのため皇帝が北京から逃げ出す事態になりました。ですから一部の官僚や知識人の中には「これはさすがにまずい」と危機感を覚えた人もいたでしょう。あるいは天津条約や北京条約を結ばされたあと、開港場などの現場で行政を担当していた役人の中にも、清朝の行く末に不安を感じた人もいたはずです。ただし一部にそういう人はいたかもしれないが、清朝全体としてはアロー戦争を経験して何か意識が変わったかというと、やはり変わりませんでした。

清朝の過ちは、自分たちが撫夷だと思ってやったことが、どんな結果を招くことになるかについての想像力を働かせようとしなかったことです。中国はその後、「瓜分《かぶん》」といって、瓜《うり》やスイカが切り分けられていくように国土が列強の食いものにされていくことになるのですが、そのきっかけを作ったのがアヘン戦争やアロー戦争での清朝の振る舞いでした。

君塚　清朝はアロー戦争でイギリスやフランスと戦う一方で、ほぼ同時期に太平天国への対処にも追われていました。これまでは帝国としての体裁を保っていた清朝のほころびが次々と露《あら》わになってきました。

岡本　清朝にとってはアロー戦争よりも太平天国への対応のほうが、むしろ重大な関心事だったかもしれません。それほどに未曽有の規模の内乱だったからです。

この内乱は、キリスト教をもとにした上帝教《じょうていきょう》という新興宗教の教団が、清朝を倒して自分たちの天国である「太平天国」を地上に建設することを掲げて、広西《こうせい》省の山間部で武装蜂起をしたところから始まります。蜂起に加わった民衆は、当初は一万人規模だったのですが、広西省から湖南省、湖北《こほく》省、長江へと至るうちに数十万人規模に達し、南京を占領したときには二〇〇万人に上っていたといわれます。ものすごい数ですよね。一八五一年に始まった蜂起を鎮圧できたのは一八六四年のことでしたから、事態を収めるのに一五年近く要したことになります。その間の犠牲者は数千万人規模とされています。

蜂起に関わった民衆はどんな人たちだったかというと、秘密結社と同じで、清朝から最低限の行政サービスさえ受けられなかったために、自分たちが生存していく術を自ら確保するしかなかった人たちです。中でも最初に蜂起が始まった広西省は、清朝の人口の爆発的な増加にともなって、移民としてこの地に移住してきた者が多く、彼らはますます行政の目が行き届かない存在でした。また清朝は上帝教を邪教とみなし、禁圧の対象としていました。ですから最初に蜂起した民衆にとって清朝は、無用どころか憎むべき敵でした。そこに同じく反体制的な色合いが強い各地の秘密結社が次々と加わり、最終的には数百万人という大規模な集団に膨れ上がったということです。

君塚　清朝では一八世紀の終わりに、仏教系の白蓮《びゃくれん》教徒による反乱が起きたことがありましたよね。白蓮教徒と太平天国とでは、時代は半世紀以上異なりますが、構図は似ているように思えます。

岡本　白蓮教の信者たちも、人口増にともなって四川《しせん》や湖北、陝西《せんせい》などの未開の山岳地に入植した移民が中心でしたからね。構図は同じです。ただ白蓮教徒のときには山岳地を中心とした内乱だったのに対して、太平天国は長江流域の人口が過密な地域でも数多くの衝突が起きましたから、それはやはりたくさんの方が亡くなりますよね。

また民衆がおかれている状況も、白蓮教徒による反乱が起きた一八世紀末と比べれば、より苛烈になっていました。一九世紀に入ってからの清朝では、アヘン貿易によって銀が国外に流出し、銀価が高騰。民衆は納税のときには普段使っている銅銭を銀貨に替えて納めなくてはいけなかったため、銀価の高騰は実質的な増税につながりました。さらにアヘン戦争後は、イギリスに支払う賠償金を確保するために新たな税金が課せられたため、民衆の生活はますます圧迫されます。上の者たちは撫夷程度にしか考えていなかったかもしれませんが、民衆はグローバル経済の影響をもろに受けていたのです。その不満が、内乱を大きなものにしたといえます。

なぜ日本は変わり、清朝は変わらなかったのか

君塚　アヘン戦争後、清朝はイギリスをはじめとした列強からの圧力を強く受けるようになります。また太平天国のほかにも、国内各地で内乱や暴動が頻発していました。外にも内にも問題を抱え、まさに内憂外患《ないゆうがいかん》というべき状況に陥っていったのが、一九世紀半ば以降の清朝でした。ただし当時の清朝に、国を立て直す時間的な余裕がまったくなかったかというと、そんなことはないと思います。というのは一八六〇年代から七〇年代初めにかけて、西欧列

強の東アジアへの関与が一時的に弱まった時期があったからです。

イギリスは中国では、一八五六年からはアロー戦争を戦い、清朝と講和を結んだあとは太平天国の鎮圧に加わります。一方で同時期にインドでは、一八五七年に起きたインド大反乱への対応に奔走していました。またヨーロッパでは一八五三年にクリミア戦争が勃発。イギリスはこの戦争では、ロシアの南下を防ぐためにフランスとともにオスマン帝国側に味方をして参戦します。ですからすでにこの時点でイギリスは、インドでもヨーロッパでも忙しく、中国政策にエネルギーを注ぐ余裕はさほどありませんでした。

クリミア戦争は一八五六年にオスマン帝国・イギリス・フランス連合軍がロシアから一定の勝利をつかんで終わりますが、これでヨーロッパ情勢が一段落したわけではありませんでした。クリミア戦争で露呈したのは、案外イギリス陸軍が弱かったということです。海軍は強かったのですが、クリミア戦争は陸軍が勝敗を分けた戦争であり、陸の戦いではイギリスはフランスにおんぶに抱っこになってしまいました。その結果、戦後名声が高まったのがフランス皇帝・ナポレオン三世です。彼はクリミア戦争の講和会議であるパリ講和会議を取り仕切り、ヨーロッパ外交の主導権をイギリスから奪いとります。これはイギリスとしては、当然看過することができない事態でした。

ナポレオン三世は、積極的な軍事外交を繰り広げ、イタリア統一戦争への参戦やインドシナ出兵、メキシコ出兵などをおこないます。一方そのころプロイセンではビスマルクが首相となり、デンマーク戦争や普墺《ふおう》戦争、普仏（独仏）戦争を次々と仕掛けながら、ドイツ統一に向けて邁進していました。この時期、ヨーロッパはとにかくめまぐるしく流動していたため、イギリスは相当なパワーをヨーロッパに向けなくてはいけませんでした。

岡本　おまけにイギリスは、インドにも目を配る必要がありましたよね。

君塚　はい。一八五七年に起きたインド大反乱のあと、イギリスは東インド会社に見切りをつけ、これまで形ばかりは維持させてきたムガル帝国も滅亡させます。そしてインドの直接統治に踏み切りました。インド統治についての大転換をおこなっていた時期でもあったわけです。ですから正直言って、イギリスにとっての外交上の最優先事項はヨーロッパ情勢への対応とインドであり、中国は後回しになりました。何だかんだいっても中国は、イギリスからみれば極東の遠い国です。自国に近い国や地域のほうを優先させるのは当然のことです。また清朝に対しては、自由貿易を

オットー・フォン・ビスマルク（1815～1898）

求めていろいろと圧力をかけてみたけれども態度が変わる様子はなく、「これ以上やっても割に合わない」といった判断もあったと思います。

この時期、東アジアへの介入が弱まったのは、イギリスだけではありません。ナポレオン三世は対外侵略に積極的でしたが、インドシナやメキシコを優先させていました。また日本を開国させた新興国のアメリカは南北戦争のただ中にあり、自国のことで精いっぱいでした。

ですから東アジアの緊張が緩和していたこの時期は、清朝にとっては国内の混乱を収め、その後の列強の進出に備えて国力を蓄えるチャンスであったといえます。事実、日本は同時代にそれをやり遂げました。一八六〇年代の初めには攘《じょう》夷《い》の嵐が吹き荒れていた日本は、六八年には明治維新を成し遂げ、その後も次々と近代的な諸制度の整備に着手していきます。欧米からの軍事的干渉を受けずに済んだこの一〇年のあいだに、一気に近代化の準備を進めたわけです。それができた日本と、そうはならなかった清朝の違いは何かというのは、少し考えてみてもよいテーマだと思います。

岡本　清朝はやっぱり自信満々だったんです。中華文明では、自分たちの文明が偉くて自分とは異なる者は劣っているという考え方が強固でした。こういう世界観は中国に限ったものだけではなく、洋の東西を問わずどの文明においても少なからず見られます。古代ギリシア人は自分たちのことを「ヘレネス」と呼び、自分たちの文明に属さない者を「バルバロイ」、つまり「わけのわからない言葉を話す者」と呼んで峻別《しゅんべつ》していました。ただし中国の特徴は、その自文化中心主義的な世界観を中華思想というイデオロギーにまで高めたことです。

先ほども話したように中華思想では、どんなに武力に長けていたとしてもまったく偉いことではなく、文が武を優越していました。だからアヘン戦争やアロー戦争で英仏にやられても、清朝の自信は揺らがず、自分たちを変える必要性も感じなかった。それが「獣同然のやつらがいろいろと吠えてうるさいから、ここは撫で撫でしておいてやろうか」という撫夷の発想につながるわけです。

君塚　一方の日本は、欧米列強が押し寄せてきたときに撫夷にはなりませんでしたよね。最初に西洋人に対して示した反応は攘夷でした。

岡本　それは日本人が西洋人を人間扱いしていたからだと思います。撫夷ぬきの攘夷は、相手を人間として認め真剣に向き合っていたからこそ成立した思想です。

最近は使われなくなったけれども、上等舶来という言葉がありますよね。日本人には海を渡って伝わってきた文物は、日本のものよりも優れているという考え方がありました。では海を渡って中国から伝わってきたものと西洋から伝わるようになったものと、どちらが優れているだろうと仔細に分析してみたところ、どうやら西洋のほうが優れている、と。「これは攘夷などと言っている場合ではない。西洋に乗り換えないと、我が国は立ちゆかなくなる」というので、一気に明治維新へと突き進んでいったというのが日本です。

君塚　ただし念のためつけ加えておくと、清朝もアヘン戦争やアロー戦争後、まったく変わろうとしなかったわけではありませんよね。一八六〇年ごろから「洋務」と呼ばれる西洋化運動が始まりました。具体的には西洋の技術を取り入れた軍需工場や造船所が設立され、軍備の近代化も進められました。

岡本　洋務は、清朝の政治システムは変えないまま、西洋の機械技術だけ取り入れようというものでした。しかも清朝として一丸となって機械技術の導入に取り組んだわけではなく、李鴻章《りこうしょう》や左《さ》宗棠《そうとう》といった地方長官の職にあった人たちが、自分たちの裁量の範囲内でおこなったものにすぎません。李鴻章などは、太平天国のときに戦場で直接、軍隊を指揮していた人でしたから、西洋の技術の有用性を強く認識していました。けれども清朝の中では、「あんな妖術使いの手品みたいな技術はうっちゃっておいてよろしい」と拒否反応を示す人のほうが大多数を占めていました。だから洋務運動には、自ずから限界がありましたよね。そこは政治システムの変更や富国強兵、殖産興業の推進に官民一体で邁進した日本とはまったく違います。

しかしこれは、「欧米的な近代化にいち早く適応することができた日本のほうが優れていて、清朝は劣っていた」ということではありません。私たちは日本人だからどうしても日本を基準に考えるのですが、世界史的に見れば、短期間で非常にスムーズに近代化を実現できた日本のほうが特異です。日本は国としてのサイズ感が小ぶりで、暮らしている人たちもほとんどが米を作っている農民だったため、産業構成も単純でした。だから国民国家を形成して、官民が一体となって近代化に突き進んでいくことは、そこまで大変なことではありませんでした。同じくヨーロッパで国民国家化を成し遂げられた国々も、国の規模感や民族や産業構成などにおいて、同様の条件を備えていたということです。

一方、清朝のようなタイプの帝国は異なります。支配領域が広大で、暮らしている人たちも多様で、政治や経済を担う主体も多元的でした。ですから官民一体など、途方もなく困難なことでした。この時期、アジア世界の西のほうでは、清朝と同様の構造を持っていたオスマン帝国も近代化に向けて悪戦苦闘をしていました。

そして清朝はこれから見ていく一九世紀末以降、その困難さに本格的に直面していくことになります。

第2章

押し寄せる列強と東アジア

——ロシアの南下政策、日清戦争、大韓帝国、義和団事件、日英同盟、南アフリカ戦争

第2章の主なできごと

1853　クリミア戦争（～1856）
1860　北京条約
1860年代　第二次産業革命
1877　露土戦争（～1878）
1878　ベルリン会議
1882　独墺伊による三国同盟の締結
1884　清仏戦争（～1885）
1894　露仏同盟
1894　日清戦争（～1895）
1897　大韓帝国の成立
1898　戊戌変法
1899　南アフリカ戦争（～1902）
1900　義和団事件（～1901）
1902　日英同盟

清朝の人口増がロシア帝国の極東進出を招いた⁉

君塚　ここまで見てきたように、一八六〇年代から七〇年代前半にかけて列強の東アジアへの関与が弱まったことにより、東アジアを取り巻く国際情勢がいったんは緩和します。しかし、その後再び東アジアの緊張感は高まっていくことになります。そのひとつの要因となったのが、おう盛な拡大活動をおこなっていたロシア帝国でした。まずはこの時期のロシアの動きから確認したいと思います。

アレクサンドル2世（1818～1881）

ロシアは、一八五三年から五六年にかけて戦われたクリミア戦争に敗れたあとも、黒海から地中海へかけての進出をあきらめませんでした。アレクサンドル二世のもとで近代化を進めて国を立て直し、一八七七年に再びオスマン帝国とのあいだで露土戦争を戦います。ロシアはこの戦争には勝利したのですが、待ち受けていたのは、イギリス

ベルリン会議
中央右の右向きの人物がビスマルク

やオーストリア＝ハンガリー帝国を中心とした他の列強諸国の干渉でした。列強諸国にとって、ロシアが勢力を拡大することで自分たちの利権が奪われるのは、何としても避けたいことだったのです。そしてドイツのビスマルクが主導して開かれたベルリン会議の結果、ロシアは獲得した領土の大幅な縮小を受け入れざるを得ませんでした。

ロシアは黒海や地中海への進出に力を注ぐ一方で、中央アジアにも目を向けていました。一八六四年には、中央アジアのコーカンド＝ハン国を攻撃し、タシケントを占領します。タシケントは、今のウズベキスタン共和国の首都ですね。このようにロシアは地中海と中央アジアの二方向で南下を企てていたわけですが、その後ベルリン会議によって地中海進出の望みが打ち砕かれたことで、中央アジアが南下政策の頼みの綱になっていきます。

しかしそこに立ちはだかったのが、またしてもイギリスでした。ロシアが海を求めて中央アジアをそのまま南に下っていくと、アフガニスタンを経てインドにぶつかります。イギリスは自分たちが独占しているインドの権益が、ロシアによって脅かされることを警戒したのです。

ベルリン会議から数カ月後の一八七八年の年末、イギリスはロシアの先手を打ってアフガニスタンに侵攻します。しかしそこでイギリス軍はアフガニスタン兵の粘り強い抵抗に遭い、あろうことか敗北を喫してしまいます。ただし最終的には何とかアフガニスタンを保護国化することに成功しました。

岡本　イギリスは一八七七年にインド帝国を成立させたばかりであり、今後インドを安定的に統治していくうえで重要な時期にありました。ですからロシアに対してはかなり神経質になっていましたね。

君塚　さすがにロシアも、直接インドに攻め入ってイギリスと対決するなんてことは考えていませんでした。インドの西に位置するイランのガージャール朝をコントロール下に置いたうえで、ペルシア湾に抜けたいという算段でした。だからイギリス政府もガージャール朝を味方に引き入れるのに必死でした。ガージャール朝の皇帝がイギリスを訪問したときには、渋るヴィクトリア女王を説得して、イギリス最高位の勲章であるガーター勲章を与えています。というのも、ロシアがやはり最高位の勲章である聖アンドレーイ勲章を皇帝に与えていたので、対抗しないわけにはいかなかったのです。こうした中央アジアをめぐるイギリスとロシアの攻防は、グレートゲームと呼ばれました。

岡本　ロシアの中央アジア大征服の動きは、清朝にも影響を及ぼしました。ロシアが南下政策の一環として新疆のイリ地方を占拠したため、二国のあいだで一大外交問題に発展したのです。李鴻章なんかは、「新疆で暮らしているイスラーム教徒は反乱ばかり起こして言うことを聞かないし、金銭的にも持ち出しばかりだから、あんなところは見捨ててもいいのではないか」という考えでしたが、清朝としてはそうもいきません。イリ返還をめぐって二国間でおこなわれた交渉は紛糾し、一時は交戦直前というところまで事態が切迫しました。

ところがここでロシアがビビるんです。「清朝みたいな国と戦争をするのか。負けるぞ」となるんですね。軍事力で負けるのではありません。人の多さで負けるというんです。清朝と直接国を接しているロシアにとって、中国の人口の多さは脅威でした。結局交渉は、ロシアがイリを返還する代わりに、清朝は賠償金の支払いと新疆を経済的に開放することをロシアに対して認めたサンクトペテルブルグ条約を締結することで妥結しました。

君塚　ロシアはやはりマンパワーに限界がありましたよね。その後ロシアは、極東でも南下政策を推し進めることになるわけですが、まだこの時点では中央アジアまでが限度でした。極東ロシアなんてほとんど人が暮らしていませんし、シベリア鉄道もまだ開通していませんでしたからね。南下政策の中でも本来ロシアがいちばん優先したかったのは地中海、その次が中央アジア、最終手段が極東という順番だったと思います。

岡本　ただしこのころからロシアは、徐々に極東にも目を向けざるを得なくなっていきます。要因はやはり清朝の人口問題です。極東ロシアの南側に位置する東三省、いわゆる満洲《マンチュリア》は、もともとは広大な森林地帯でした。ところが長城以南の農耕地域の人口増にともなって満洲に移住する人が急増し、森林が一面の大豆畑へと変わっていきました。一方の極東ロシアは、相変わらず暮らしている人はほんのわずかしかいません。そのため極東ロシアの人々は、満洲の人口膨張に恐怖心を抱きました。当時の東シベリア総督も、極東ロシアの守備の強化を中央に対して求めています。これがシベリア鉄道の建設構想にもつながっていきます。

そういう意味で考えると、ロシアの極東への進出は、清末の人口増が招き寄せたという見方もできるわけです。

朝鮮に目を向けた日本、朝鮮を死守したかった清朝

君塚　この時期には、清朝にとってやっかいな帝国がロシア帝国以外にもうひとつ現れます。大日本帝国です。

岡本　本当にやっかいな存在になりました。日本は清朝と薩摩藩との両属関係にあった琉球王国に琉球藩を設置し、さらにはその後、琉球藩を廃止して沖縄県にしてしまいます。また清朝の属国だった朝鮮に対しては、武力を背景に力ずくで開国を迫り、不平等条約である日朝修好条規を結ばせました。琉球、朝鮮という清朝の縄張りを次々に切り崩しにかかったわけです。

明治維新を成し遂げた日本がめざしたのは、西欧諸国のように自国を国民国家化することでした。また、やはり一九世紀後半にヨーロッパで起きた第二次産業革命にも、いち早く追いつこうとした。さらにはこのころから西欧列強は帝国主義化していくわけですが、この流れにも日本は順応しようとしました。

こうしたことは、日本の立場からすれば生き抜かんがためのまっとうな選択でした。けれ

ども清朝から見れば、けしからん振る舞いであるわけです。特に朝鮮半島の主導権を日本に奪われるのは、地政学的に到底受容できないことでした。清朝の喉元に日本が刃をつきつけるかたちになるからです。逆に言いますと、清朝は失っても安全保障上どうでもいいようなところはほったらかしているんですね。琉球がそうでした。日本が琉球王国を滅ぼしたときに、清朝は日本に何も文句を言わなかったでしょう。またやはり清朝の属国だったベトナムについても、この地の支配を狙っていたフランスとのあいだで起きた清仏戦争に敗れたことでフランスの保護国になりますが、清朝はそこまでは固執しませんでした。「ベトナムは中華からずいぶん遠いところにあるし、まあいいか」といったところだったのでしょう。しかし朝鮮については、どうしても属国のままにしておきたかった。

君塚　中華世界におけるいわゆる宗主国と属国の関係は、またちょっと独特なところがありますよね。

岡本　中華王朝と属国の関係はどういうものだったかというと、昭和の時代までの親と子どものような関係でした。昔は子どもが悪さをすると、親はパシッと叩いて叱ったじゃないですか。あれと同じで、王朝も属国が礼に背いたおこないをしたときには、罪を問いただし、制裁を加えることができました。一方で子どもに何かあったときには親が助けるのと同じように、属国が他国から攻められるようなことが起きたときには、王朝は軍隊を派遣して属国を助けることが求められました。これは見方を変えれば、属国にフリーハンドで軍事介入ができる口実を手にしている状態なわけです。

清朝は、この実利を朝鮮半島については絶対に手放したくありませんでした。日本が朝鮮半島を手に入れた場合、地政学的にその北方を確保せざるをえなくなり、ひいては首都の北京に脅威を与えかねません。事実、その後の歴史を見ても、日本は朝鮮半島を手に入れたあと、「満洲国」までデッチ上げましたしね。清朝は朝鮮半島を死守するためにも朝鮮への介入を強め、日清のあいだでは軍拡競争が始まりました。そして日清戦争に至るわけです。

イギリスは当初は清朝に防波堤の役割を期待していた

君塚　清朝と日本との緊張関係が高まっていた一八九〇年代初頭あたりに差し掛かると、ロシアや日本、そして以前から清朝に深く関与してきたイギリスだけでなく、ほかの列強も市場としての中国に関心を向けるようになります。

前にも話したように、一八六〇年代から七〇年代初めにかけて、ヨーロッパでは域内での戦争が相次いだために、列強はとてもヨーロッパの外にエネルギーを注ぐ余裕がなくなりました。このヨーロッパの緊張状態は、露土戦争が終わった一八七八年あたりにようやく緩和します。これで列強も、再びヨーロッパの外に目を向ける余裕ができました。

彼らがまず着目したのは、当時はまだほとんど手つかずであったアフリカでした。一八七〇年代末からアフリカにおいて、イギリス、フランス、ドイツ、イタリア、ベルギー、スペイン、ポルトガルといった国々が激しい植民地獲得競争を繰り広げます。そして一八九〇年代初頭には、西欧列強はほぼアフリカを分割し尽くしました。また南太平洋も分割し尽くしていましたから、残るは東アジアだけでした。列強にとって、いわば中国市場は最後の未開地だったわけです。

岡本　一八七〇年代末以降、西欧列強による海外進出は、これまでとは明らかに違うステージに入りましたよね。いわゆる帝国主義の時代に突入しました。一八七〇年代後半から第一次世界大戦が終結した一九一八年までの列強による年間あたりの植民地獲得面積のスピードは、一八七五年までと比べて約三倍になったというデータもあります。

一九世紀後半、ヨーロッパでは第二次産業革命が起きました。第一次産業革命が軽工業を中心としたものだったのに対して、第二次産業革命は重化学工業を主力としていることが特徴です。西欧列強は、重化学工業を成り立たせるうえで不可欠となる資源の調達先や、海外市場を確保するために、植民地獲得競争に邁進するようになったわけです。そして海外進出を推し進めるうえでのエンジンとなったのが、当時西欧諸国の国民のあいだで高まっていたナショナリズムでした。この時期になるとフランスやイギリスに続いて、ドイツなどの国々でも次第に国民国家としての体裁が整いつつありました。その国民が植民地獲得を、国の威信を高め、国や国民を豊かにしてくれるものとして支持したのです。「本土においては国民国家でありながら、領土においては植民地の獲得によって複数の民族を内包することになった帝国でもある」という国民国家型の帝国の誕生です。

君塚　ドイツのビスマルクは、植民地など面倒なだけだと本当は持ちたくなかったようなのですが、一九世紀末の西欧諸国では、「植民地を持っていることが一等国の証《あかし》である」といった考えが、社会通念になっていましたからね。国民にとって自国が海外に植民地を獲得するのは、誇らしいことでした。

岡本　誇らしいことであると同時に、植民地獲得競争に後《おく》れをとれば、自分たちの生存や発展が脅かされることになるという危機感も抱いていました。その誇りと危機感を西欧列強と同じように抱きながら、朝鮮への進出を図っていったのが日本です。ですから日清戦争は、日本という国民国家型の帝国と、清朝という旧来型の東アジアの帝国が戦った戦争であったといえます。

君塚　一方で日清戦争は、国民国家型帝国となった西欧列強の関心が東アジアへと向かいつつあった中で起きた戦争でもありました。西欧列強は日清戦争の成り行きを注視しました。そして日本が戦争にあっさりと勝つと、中国大陸において日本がのさばりすぎないようにするために、ロシア、フランス、ドイツが三国干渉に乗り出したわけです。

岡本　日清戦争の結果は、イギリスの極東政策にも大きな影響をもたらしました。イギリスは日清戦争が始まる前までは、極東におけるロシアの南下を防ぐための防波堤の役割を清朝に期待していました。軍艦も含めて、かなりの軍事支援をしていたんです。一方の日本はイギリスから全然相手にされないものだから、悔しい思いをしながらひたすら軍拡に励んでいました。

ところがいざ日清戦争が始まってみると、清軍はイギリスが与えた武器をまったく使いこなすことができなかった。「これはダメだ。日本のほうがしっかりしているではないか」ということになりました。

君塚　清朝がこんなにもだらしないとなれば、イギリスも東アジアにおける今後の身の振り方を考えざるをえなくなりますよね。特に目障りだったのが、ロシアとフランスが互いに接近し、一八九四年に軍事同盟である露仏同盟を締結したことでした。ロシアとフランスが組んだことで、東アジアでの列強のパワーバランスにも変化が生じることが懸念されたわけです。こうしたことが、その後の日英同盟の締結につながっていくことになります。

岡本 日清戦争によって清朝の脆弱さを知った列強は、いよいよ中国においても分割競争を本格化させます。ロシアが北洋艦隊の軍港であった旅順《りょじゅん》を租借《そしゃく》すると、イギリスも対抗して、やはり北洋艦隊が軍港としていた威海衛《いかいえい》を租借します。旅順は遼東半島の先端、威海衛は山東半島の先端にありましたから、渤海《ぼっかい》海峡を挟んで英露がにらみ合うかたちになったのです。ロシアの南下政策をめぐる英露の対立が、ついに極東でも展開されることになりました。

こうして見ていくと、日清戦争の結果が、その後の東アジアを取り巻く国際情勢にいかに大きな影響をもたらしたかがわかります。ですからいきなり突飛なことを言うようだけど、いちばんの間違いは日本が清朝と戦争をして、大勝ちしてしまったことでした。

君塚 日本は、日清戦争なんてやってはいけなかったと?

岡本 国際政治的に見れば、清朝がロシアの南下を抑えていて、その状況にイギリスも満足しており、日本と清朝もお互いに緊張感を持ちながらもパワーバランスを保つことができていたならば、清朝が列強に蚕食《さんしょく》されることはありませんでしたし、日露戦争も起きなかった。さらには日本が中国と泥沼の戦争を戦うようなことも避けられたでしょう。東アジアなりの国際秩序を構築することができたはずです。これはヒストリカル・イフなので、言っても仕方がないことですけれども……。

君塚　日清戦争の結果が東アジアの国際秩序を変えたという点では、一八九七年に朝鮮で大韓帝国が成立しましたよね。李氏朝鮮の君主であった高宗《こうそう》が、君主号を国王から皇帝に改めたうえで、国号についても改めたものです。これまでの中華世界の秩序観では、中国王朝以外の王が皇帝を名乗ることはあり得ませんでしたから、これは大変な変化だったといえるのではないですか。

高宗（1852〜1919）

岡本　皇帝は天下に君臨する唯一の存在であり、皇帝が並び立つことは認められないというのが中華王朝の秩序観でしたからね。中華王朝の周辺国の王たちは皇帝に臣従する立場でした。朝鮮はこうした中華世界の秩序体系の内部にいましたから、従来であれば朝鮮の王が自ら皇帝を名乗るなんてことは考えられないことでした。日本は別ですよ。中華世界の外部に位置していましたから、まったく無頓着に天皇を名乗っていました。

こうした東アジアの在来の秩序体系が崩れたのは、おっしゃるように日清戦争の結果がもたらしたものです。日本と清朝が講和時に結んだ下関条約により、朝鮮は清朝の属国ではなくなり、独立自主の国となりました。朝鮮は「では、これからどうしていこうか」と考えたときに、周りを見れば日本には天皇という皇帝がいて帝国を名乗っているし、清朝にも当然皇帝がいる。そうした中で自国だけが国王では一等下った立場に甘んじてしまうことになるので、対等な地位に立つために君主号と国号を改めたわけです。

これが近代ヨーロッパ的な国際秩序観であれば、頂に立つのが皇帝であろうが国王であろうが、この時代にはさほど重要ではなくなってきています。同じ主権国家として、対等な国際関係を結ぶことができていました。けれども朝鮮の場合は、「皇帝が上にいて、周辺国の国王はその臣従である」という華夷秩序観が刷り込まれていますから、そうはいきませんでした。

君塚　そこは日本とは大きく違うところでしたね。

岡本　大日本帝国と大韓帝国とでは、帝国としての出発点がまったく異なっていました。日本が志向したのは、西欧列強をモデルとした国民国家型の帝国です。これに対して大韓帝国の場合は、自分たちは明朝の系統を受け継ぐ帝国であるというロジックを採用しました。明朝というのは、清朝のひとつ前に中国を治めていたあの明朝です。「清朝は満洲人という夷狄が打ち立てた国であり、自分たちこそが中華王朝の正統な継承者である」というのが彼らの論理でした。

ともあれ朝鮮は独立自主の国にはなったけれども、中華世界の秩序観自体から解き放たれたわけではなく、相変わらずその中で物事を考え、行動していたわけです。近代ヨーロッパ的な秩序観に沿って行動していたのは、東アジアの中では日本だけでした。ですから日本と大韓帝国、清朝とでは、同じ言葉を使っていてもお互いの受け取り方がまったく違っており、ボタンの掛け違いが頻繁に起きていたというのが、二〇世紀を迎える前ぐらいまでの東アジアの状態でした。

日清戦争後、清朝は変わろうとしたが……

君塚　アヘン戦争について検証した際には、「アヘン戦争では、清朝は何も変わらなかった」という話になりました。しかし日清戦争の結果は、さすがに清朝にとってもショックが大きかったのではないでしょうか。

岡本　小さな島国の日本に負けたことも衝撃でしたでしょうし、日清戦争後には列強諸国に国内のさまざまな拠点を租借されたり、鉄道や鉱山の利権を奪われたりといったことが起きましたからね。「瓜分」といって、このままでは国土が瓜やスイカのように切り分けられてバラバラになってしまうかもしれないという危機的な状況に陥りました。清朝の官僚たちもさすがに「何とかしなければいけない」と思ったはずです。ただ問題は、何をどうすれば何とかなるのかが、当の本人たちもよくわかっていなかったことでした。ですからその後も清朝は、迷走を続けることになります。

君塚　清朝の近代化を図っていくための方策として日清戦争後に出てきたのが、変法《へんぽう》という政策でした。アヘン戦争後に出てきたのは洋務でしたが、今度は変法でした。

岡本　変法は、康有為《こうゆうい》という儒学者が光緒帝《こうしょ》からの信任を得て始めた改革ですが、要はこじつけでした。西洋と東洋との差が歴然となった中では、政治体制も西欧に合わせて近代化を図っていかなければいけないけれども、さりとて中華的な世界観を捨てるわけにもいきません。だから中華的な世界観と齟齬《そご》が生じないように、いろいろとこじつけながら改革を進め

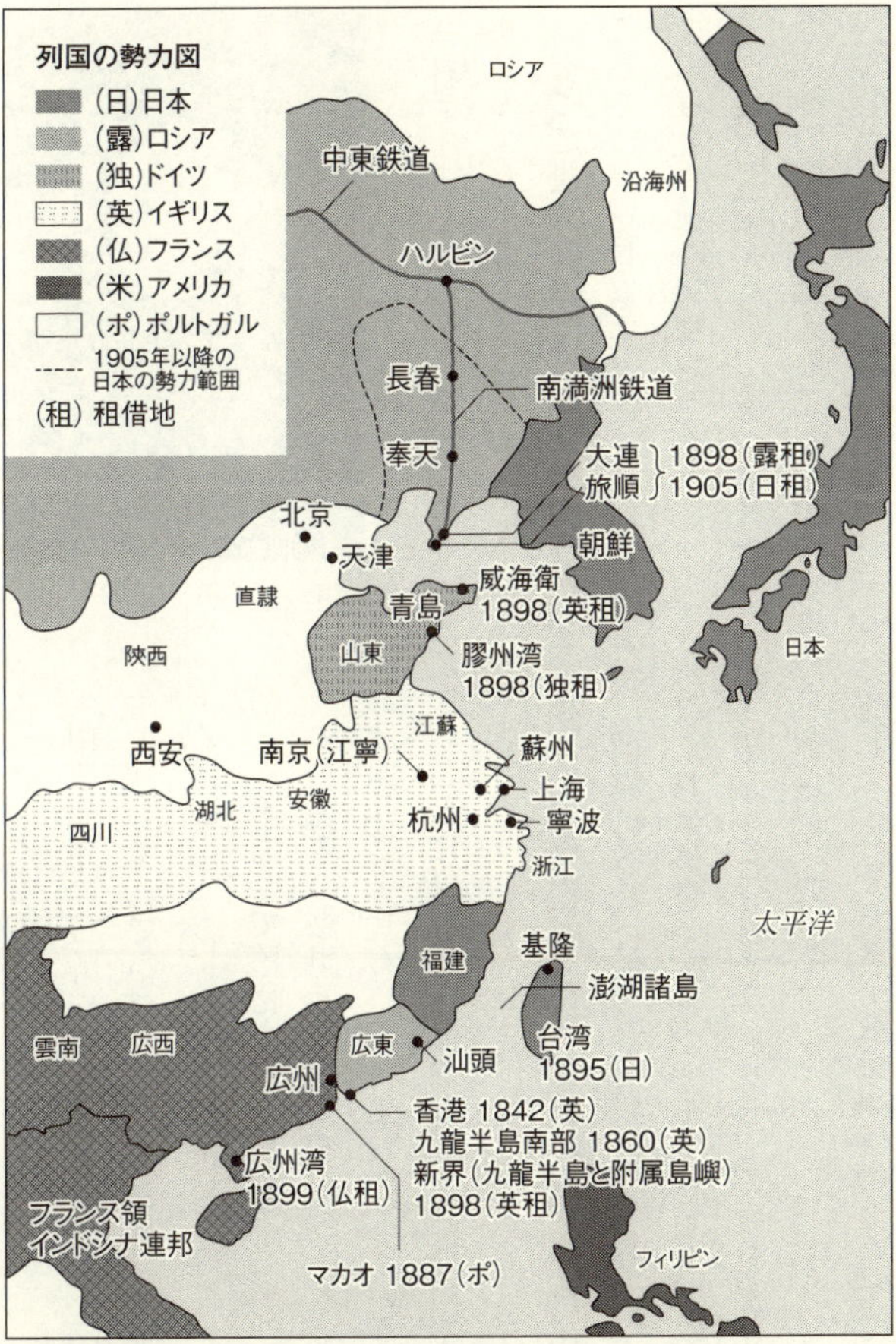

瓜分（分割）が進む清朝（1898〜1900年）

出典：岡本隆司『世界史とつなげて学ぶ 中国全史』（東洋経済新報社）

康有為（1858〜1927）

ようとしたものです。

中華思想の根幹をなす儒教では、「過去のほうが今よりも優れていた」と考えます。「時代が下れば下るほど、人も世の中も堕落してきている。だから何とか努力して堕落を食い止める必要がある」というのが儒教の思想です。ですから儒教では変化や改革はあり得ません。昔に立ち戻るという復古なら許されます。しかし変化や改革を受け入れないことには、西洋流の近代化を進めることはできませんよね。

そこで康有為は、この変化や改革を否定する儒教の思想を、儒教の古い経典にさかのぼることでひっくり返すという荒技に出ます。前漢の時代に劉歆《りゅうきん》という儒学者がつくった経典では変化や改革は悪とされているが、実はこれは偽書であり、「本来孔子は、改革を善としていた」と唱えたのです。儒教自体を否定することはできないから、儒教を拠り所にしつつも、その解釈を変えることで改革を進めようとしたわけです。

こじつけにはいろいろなレベルがありまして、「キリスト教は墨子《ぼくし》の亜流」ですとか「今、西欧諸国が使っている兵器は、もともとは中国由来のもの」など、かなり荒唐無稽なものもありました。

君塚　こじつけ極まりないですね（笑）。

岡本　そうですね。康有為が推し進めようとした変法は、さすがに周囲からの反発も大きく、短期間で挫折し、康有為は失脚しました。

こじつけないと改革ができない、というところに当時の清朝・漢人世界の限界がありました。日本人の感覚からすれば、「西洋の政治体制や技術のほうが優れているのならば、別にこじつけなくても素直に受け入れればいいではないか」と思いますよね。しかし世界史的に見れば、日本人の感覚のほうが特殊です。長年育んで言語や思想に骨がらみとなってきた世界観を捨て去るのは容易なことではないんです。こじつけてでも西洋の政治システムを取り入れようとしたところに、むしろ清朝・漢人たちの危機意識を見るべきです。イスラーム世界の人たちが、西洋のシステムを受容するためにクルアーン（コーラン）に書かれていることをこじつけて解釈するなんて、考えられないことですよね。

義和団事件が日英同盟を生み出した

君塚　変法運動が挫折に終わったあと、清朝では今度は義和団事件が起きます。この事件を岡本先生はどのように見ておられますか。

岡本　変法派は、こじつけを用いながらあまりに性急に西洋的な近代化を推し進めようとしました。これが周囲の反発を生み、西太后《せいたいこう》を担ぎ出した保守派によって康有為は失脚に追い込まれ、康有為を重用していた光緒帝も幽閉されます。そして西太后が再び政治の実権を握りました。クーデターが起きたわけですね。

一方日本やイギリスにとっては、変法運動は自分たちに好ましい体制へと変革を図ろうとする取り組みであるわけですから、変法派に肩入れしていました。今の時代で言うと、アメリカがイラクやアフガニスタンを民主化させるために、いろいろと介入したのと同じようなことをしたわけです。それで西太后は怒ってしまって、どんどん排外的になってしまったんですね。そんなときに、あたかも王朝内の排外的な空気感に呼応するかのように山東省で起きたのが、扶清滅洋《ふしんめつよう》とキリスト教の排斥を掲げた義和団による蜂起でした。

「瓜分」といわれた当時の清朝では、西洋人たちが中国の各地に続々と入っていき、教会や墓地や学校を建て、キリスト教の布教活動や慈善活動に取り組み始めました。これまで儒教に根づいた中間団体が地域において担っていた領分を、西洋人たちが奪いとっていったのです。そのため儒教コミュニティはもちろんのこと、各地の秘密結社や暴力団といった種々の中間団体と西洋人とのあいだの軋轢が、次第に激しいものになっていきました。そしてついには義和団による蜂起となって爆発したわけです。義和団の蜂起はあっという間に広がり、半年後には首都の北京を占領するまでに至ります。

君塚　このとき清朝の内部では扶清滅洋、すなわち「清朝を助けて列強を滅ぼす」と言ってくれている義和団側につくか、それとも鎮圧側に回るか、ずいぶん揺れ動きましたよね。最終的には排外派がヘゲモニーを握り、義和団を支持。在留自国民の保護を理由に北京に出兵していたイギリス、アメリカ、ドイツ、フランス、ロシア、オーストリア＝ハンガリー、イタリア、日本の列強八カ国に対して、なんと宣戦布告をしてしまいます。

岡本　義和団の連中がドイツや日本の外交官を殺したことなどもあり、列強は清朝に対して事態鎮圧のためにいろいろと厳しい要求を突きつけてきました。だから西太后は頭にきちゃったんでしょうね。「こんな恥辱に耐えられようか」みたいなことを西太后は言っています。

君塚　列強八カ国を相手に戦争をしかけても、到底勝ち目はないのにね。

岡本　あっけなく敗北して、一時は皇帝が北京からはるばる西安まで逃げ出さなくてはいけなくなりました。義和団事件後に清朝に課せられたのは、多額の賠償金の支払いと、半植民地化の進行でした。我を忘れ、勢いに任せて義和団側に乗ってしまったものの、すべてが終わって冷静さを取り戻したときに、「なんと自分たちは取り返しがつかないことをしてしまったんだ」と初めて事の重大さに気づいた、といったところではないかと思います。

君塚　この義和団事件のときに、八カ国連合軍の中でもとりわけめだつ活躍をしたのが日本でした。義和団事件を描いたハリウッド映画の『北京の55日』（一九六三年）では、アメリカとイギリスが北京の在留民を義和団や清軍から救い出したみたいな話になっていますが、あれはウソです。本当の主役は日本でした。イギリスは当時、南アフリカ戦争（一八九九～一九〇二年）にかかりっきりになっていたため、中国の騒乱に深く関与する余裕はまったくありませんでした。

岡本　義和団事件は、イギリスの日本に対する信用度が大きく高まる契機になりましたよね。極東におけるロシアの南下を食い止めうる存在として、日本に期待を寄せるようになります。

君塚　そうなんです。特に日本のことを高く評価したのが、動乱の渦中にあったときに北京駐在公使を務めていたクロード・マクドナルドでした。義和団事件では、各国の公使館は義和団や清軍に取り囲まれたため籠城を余儀なくされました。このときイギリスの公使館を窮地から救い出すために尽力したのが日本だったのです。また事態が収拾したあとも、ロシアが国際的な取り決めを守らずに満洲に駐留し続けたのに対して、日本はあっさりと撤兵していきました。彼らの中で、日本への信頼感はますます高まっていったわけです。

その後、駐日公使も務めたマクドナルドは、日英同盟締結の強力な推進者になっていきます。一方日本側のキーパーソンは、ロンドン駐在公使を務めていた林董《はやしただす》でした。彼は英語もできるし、人付き合いもうまいし、おそらく日本の歴代公使の中でもっともイギリス政府から信頼された人物です。そして一九〇二年、両国は日英同盟の締結に至ります。

ただし条約締結にあたっては、イギリス国内では反対意見もありました。極東は日本にとっては利害関係一〇〇％の地域ですが、大英帝国にとっては権益の一部にすぎません。そんな地域のために、わざわざ日本などと条約を結ぶ必要があるのか。条約は日本ばかりを利するものであり、イギリスにとっては得るものが少ないのではないかというのです。

岡本　そうはいっても、極東でイギリスの肩代わりをしてロシアと戦うのは日本なわけですよね。そういう言い方をされてしまうと、日本がちょっと気の毒です。

君塚　そうですね。当時の状況を見れば、現実としてはイギリスは日本の助けを借りる必要があったと思います。満洲を盛んに狙っていたロシアに対して、イギリスは上海や香港のあたりを勢力圏としていました。ですからいちおう住み分けはできていたのですが、「こいつらは何をするかわからない。自分たちの勢力圏まで脅かしてくるのではないか」という不安感がロシアに対してはありました。

特にイギリスが気になっていたのは、前にも話したようにロシアがフランスと露仏同盟を結んでいたことです。当時のイギリスは、自国の海軍力をイギリス以外の二国の海軍力を合計したものよりも上回った状態にしておくという二国標準主義を採っていました。世界中の海の支配権を常に握っている状態にするためです。

ところが当時、ロシアとフランスの海軍力を合わせると、極東ではイギリスの海軍力を上回っていたんですね。しかもロシアは一八六〇年に清朝と結んだ北京条約で、不凍港のウラジヴォストーク港を手に入れていましたし、日清戦争後には清朝から旅順を租借しています。極東の海をロシアに我が物顔で航行されないためには、日本と組むことが最善の策でした。

大英帝国も帝国としての曲がり角に差し掛かっていた

岡本　イギリスは一九世紀末には、どの国とも同盟を結ばない「光栄ある孤立」と呼ばれる外交政策を採っていましたよね。日英同盟の締結は、この政策の転換を意味するものでもありました。

君塚　一九世紀末のヨーロッパでは、ロシアとフランスが露仏同盟を結び、フランスと対立していたドイツは、オーストリア＝ハンガリー帝国とイタリアとのあいだで結んでいた三国同盟の強化を図っていました。ヨーロッパの六大国の中で、イギリスだけがどことも同盟を結んでいない状態になりました。当然イギリス国内でもこの状況を危惧する声が起こりはしたのですが、「いや、いいんだ。これは光栄ある孤立なんだ。ビスマルクの策略で孤立に追い込まれていたころのフランスとは違って、我々は自分の意思で孤立しているんだ」というのが、イギリスのソールズベリ首相やジョゼフ・チェンバレン植民地大臣の言い分でした。

まあ一種の負け惜しみです。

負け惜しみではあるのですが、当時のイギリスにとって大陸ヨーロッパの諸国と同盟を結ぶメリットがなかったのは事実です。バルカン問題も含めて、ヨーロッパ域内にはイギリスの利害に関わる問題は存在していませんでした。そんなことよりイギリスにとっては、植民地政策に専心するほうが重要だった。

しかし西欧列強間の勢力争いは、ヨーロッパ域内だけで繰り広げられているわけではありません。アフリカ、東南アジア、南太平洋、そして極東と、世界規模で展開されるものになっていました。そしてイギリスが、光栄ある孤立ではやはり無理があることを自覚せざるを得なくなったのが、義和団事件後の極東情勢でした。イギリス一国では、ロシアの動きを抑えられなくなっていましたからね。

岡本　当時のイギリスは、南アフリカ戦争でも苦戦を強いられていましたよね。

君塚　南アフリカ戦争は、オランダ系入植者の子孫であるブール人が南アフリカに建設したオレンジ自由国とトランスヴァール共和国を手に入れるために、イギリスが仕掛けた戦争です。この地域で金鉱やダイヤモンド鉱が発見されたものだから、強欲なイギリス人は鉱山を自分たちのものにしようとして、戦争を始めたのです。

当初イギリスは二カ月ぐらいで戦争を終わらせるつもりでいました。ところが、やはりイギリスは海軍は強いけれども、陸軍は弱いんですね。ブール人のゲリラ戦術にかき回され、さらにはオランダやロシア、フランスがブール人の支援に回ったものだから、戦況は泥沼化しました。結局イギリスは、本国だけでなく当時イギリス領だったカナダ、オーストラリア、ニュージーランド、インドからも軍隊を動員することで、足掛け四年をかけて何とか勝利を収めることができました。投入した兵士の数は四五万人に達しました。

南アフリカ戦争は、大英帝国の終焉を予兆させる戦争になりました。戦争に協力した見返りとして、イギリスはオーストラリアやニュージーランドに対して、自治権の拡大を認めざるを得なくなりました。オーストラリアが自治領に昇格したのは南アフリカ戦争中の一九〇一年、ニュージーランドは一九〇七年です。またインドもその後、独立運動が激しさを増していきます。ですから一九世紀末から二〇世紀初頭にかけての時期は、東の大帝国であった清朝のみならず、西の大英帝国も帝国としての曲がり角に差し掛かりつつあったといえます。

南アフリカ戦争に関連してもうひとつ言及しておきたいのは、「メディアによる戦争報道が当時の人々に与えた影響」についてです。

イギリスのタイムズ紙が、初めて従軍記者を戦場に送り出したのは、一八五三年から始まったクリミア戦争のときでした。当時イギリスでは労働者階級のあいだでも新聞を読む習慣が定着しつつあり、数日遅れで届く戦場からのレポートを人々は熱心に読むようになっていました。これが南アフリカ戦争が勃発した一九世紀末になると、海底ケーブルが世界中に張り巡らされたことによって、人々は戦場の状況を国内ニュースとさほど変わらないスピードで知ることができるようになります。戦争は人々の関心の高いコンテンツであり、メディアもこぞって戦争報道に力を注ぎます。

人々は新聞を通して、まるで我が事のように自国が関わっている戦争の状況に一喜一憂しました。新聞は国民を鼓舞するツールとして機能するようになります。国民国家時代の戦争の特徴は、戦争が「皇帝や国王のための戦争」ではなく、「国民のための戦争」になったことです。そういう意味でメディアの戦争報道が、人々の中に「国民としての意識」を醸成させるうえで果たした役割は非常に大きいといえます。そして二〇世紀以降の戦争は、国民となった人々を総動員して戦う総力戦となり、人々も国民として自ら戦争に身を投じていくようになっていきます。

岡本　二〇世紀は、そういう時代でした。非常に厭《いと》わしい時代が始まることになりました。

第3章

ナショナリズムの高まりと帝国の変容

―日露戦争、韓国併合、辛亥革命、バルカン問題

第3章の主なできごと

1803　ナポレオン戦争（～1815）
1814　ウィーン会議（～1815）
1830　ベルギーの独立
1830　ロンドン会議（～1832）
1839　ベルギーの永世中立国化
1870　普仏戦争（～1871）
1877　露土戦争（～1878）
1878　ベルリン会議
1882　三国同盟
1895　下関条約
1897　大韓帝国の成立
1902　日英同盟
1904　日露戦争（～1905）
1904　英仏協商
1905　桂・タフト協定
1907　英露協商
1908　欽定憲法大綱の制定
1910　韓国併合
1911　辛亥革命
1912　第一次バルカン戦争
1913　第二次バルカン戦争
1914　第一次世界大戦（～1918）
1915　対華二十一カ条の要求

朝鮮半島を取られるのは、日露双方にとって恐怖だった

君塚　一九〇二年、日本とイギリスは日英同盟を結びます。極東におけるロシアの南下にどう対処していくかが、日英ともに喫緊の課題になっていたことが、両国の接近を促しました。ただし日本は、日英同盟の締結によって対露戦に備えつつも、一方でロシアとの衝突を回避するための方策をぎりぎりまで模索していました。

岡本　ロシアに対する「満韓交換論」の提案ですね。満洲の権益についてはロシア帝国に与えるから、代わりに朝鮮半島の権益については日本に譲ってほしいというのが満韓交換論です。これにより極東における互いの勢力圏の住み分けを図ろうとしたわけです。しかしロシアはこの提案に乗ってきませんでしたから、日本は否応なくロシアと対峙しなくてはいけなくなりました。こうして始まったのが日露戦争です。

君塚　この時期、朝鮮半島では大韓帝国が成立したばかりでした。大韓帝国は独立国ですから、当然国家主権を有しています。日本が持ちだしてきた満韓交換論は、その大韓帝国の主権を無視して、日露で勝手に勢力圏の線引きをしようというものでした。そこまでしてでも

日本は、朝鮮半島の権益は自分たちが確保しておきたい、確保しなくてはいけないという危機感が強かったということですよね。

岡本　下関条約のときに、清朝に対して朝鮮の独立を認めるように要求したのは日本でしたから、日本は大韓帝国の主権を認めたくなかったわけではないんです。しかし一方で、朝鮮半島は地政学的に日露のパワーポリティクスの場になっていました。当時は東アジアにおいても、帝国主義の嵐が吹き荒れていました。

日本としては、朝鮮半島をロシアに取られてしまうのは恐怖でした。日本列島は朝鮮半島の目と鼻の先にあるわけですから、もしロシアが朝鮮半島を手に入れたら、次は日本が狙われるかもしれないということが現実味を帯びてきます。ロシアは義和団事件を契機に満洲に居座っていましたが、日本から見れば、満洲は別にロシアの好きなようにやってもらってかまいませんでした。まだこの時点では、満洲は何の利害もない土地でしたから。「しかし朝鮮半島だけはやめてくれ」というのが、日本の悲痛な叫びでした。

君塚　逆にロシアにとっても朝鮮半島は、是が非でも押さえておきたい場所だったわけですよね。

岡本　それは合わせ鏡のようなものですね。ロシアに朝鮮半島を取られてしまうことに恐怖

ビゴーの風刺画（1887年）
魚（朝鮮）を釣り上げようとする日本と清朝、横どりをたくらむロシアの構図は、1890年代から日露戦争にいたる歴史をみごとに表現している

心を抱いていた日本と同様に、ロシアも日本に朝鮮半島を取られてしまうことは恐怖でした。日本列島は朝鮮半島の目と鼻の先にあると話しましたが、満洲も朝鮮半島の目と鼻の先にあります。だから日本が朝鮮半島を手に入れたら、次に日本は満洲を狙ってくるかもしれないということが、同じように現実味を帯びてくるわけです。事実その後の歴史を見れば、日本は日露戦争後、朝鮮を押さえたうえで満洲進出を本格化させていきます。

これが明治維新前のように、もし日本が軍事的に何の脅威もない国だったら、別にロシアもそこまで朝鮮半島に興味を示すことはなかったでしょう。しかし日本は、明治維新後の三十五年ほどのあいだに急速に力をつけていました。つまり日本の国力、軍事力の増強に対する警戒心が、ロシアの関心を朝鮮半島に向かわせたといえます。

ちなみに朝鮮半島の中でも、南側のソウルあたりを日本に取られる程度であれば、まだしもロシアは許容できたでしょう。ただし北部の平壌《ピョンヤン》は譲れませんでした。日清戦争でも平壌の陥落が清軍に致命的なダメージを与え、その後日本は鴨緑江《おうりょくこう》を越えて攻め入っていきました。同様に日露間の攻防でも、平壌を日本に譲ることは満洲までのルートをフリーパスで日本に与えることを意味していました。

だからロシアにとっては、日本が提案してきた満韓交換論は到底受け入れられないものでした。また開戦直前に日露間でおこなわれた交渉では、日本の満韓交換論に対して、ロシアは大韓帝国内の北緯三九度以北を両国の中立地帯にするという逆提案をした場面もありました。それだけ朝鮮半島の北部を重視していた、日本に譲るわけにはいかないと考えていたということです。

日露戦争は、その後の世界情勢に大きな影響を与えた

君塚　日露戦争は、第零次世界大戦とも呼ばれています。この戦争には、西欧各国から多くの観戦武官が派遣されました。彼らは、速射砲や機関銃などの新兵器が大きな威力を発揮している様子や、戦場に投入する物資の量が従来以上に勝敗を決する重要な要素になっていること、つまり新しい戦争のかたちがどういうものであるかを目の当たりにします。そして自国に戻り、近代戦に対応できる体制へと軍備を整えていきました。その一〇年後に起きたのが第一次世界大戦です。第一次世界大戦は人類史上初めての総力戦といわれていますが、日露戦争は第一次世界大戦のような性質の戦争を準備させる戦争であったという点で、第零次世界大戦と呼ばれているわけです。

岡本　日露戦争は世界地図のスケールで見れば、日本とロシアの二国が極東という限定された地域で戦った戦争にすぎません。にもかかわらず、戦争の結果がその後の国際情勢にさまざまなかたちで大きな影響を及ぼすことになります。

君塚　そうですね。まず極東の小さな国である日本が、国力をほぼ使い果たしながらもヨーロッパの大帝国であるロシアに勝利したことは、列強の植民地政策に苦しむアジアの人々を勇気づけ、インドやベトナムの民族運動を刺激しました。また西欧列強に蚕食され「瀕死の病人」と呼ばれたオスマン帝国でも、皇帝による専制君主制から立憲政治への転換を図ることをめざした青年トルコ革命が起きます。この革命も、ロシアを倒すまでに近代国家として成長を遂げた日本に触発された側面が大きくあります。

そしてヨーロッパでは、日露戦争での敗北によってロシアの脅威が後退する一方で、ヴィルヘルム二世のもとで軍拡を進めていたドイツが新たな脅威として浮上してきました。そこでイギリスはこれまでの方針を改め、ロシアに接近。一九〇七年に英露協商を結びます。すでにロシアとフランスのあいだでは露仏同盟、イギリスとフランスのあいだでは英仏協商が結ばれていましたから、ドイツに対抗するための英・仏・露のトライアングルが成立しました。いわゆる三国協商というやつですね。一方のドイツはオーストリア＝ハンガリー帝国、イタリアと結んでいた三国同盟によって、これに対抗しようとします。そしてこの対立構造が基本的には維持されたまま、第一次世界大戦に突入することになります。

ヴィルヘルム2世（1859～1941）

日露戦争の結果がもたらしたヨーロッパ諸国のパワーバランスの変化が、同盟関係の再編と新たな対立軸を生み出し、その対立が沸点に達したときに第一次世界大戦が勃発したという意味では、日露戦争の結果が第一次世界大戦を誘発したといえます。これも日露戦争が第零次世界大戦と呼ばれる所以《ゆえん》です。

岡本　日露戦争の結果は、当然ながら戦場となった東アジアの情勢にも大きな影響をもたらしました。まず日露戦争の講和条約であるポーツマス条約により、日本は実質的に大韓帝国を保護国化することが認められました。そして一九一〇年の韓国併合へとつながっていきます。一方、国の立て直しをめぐって迷走していた清朝は、日露戦争での日本の勝利を目撃したことにより、近代化を図っていくための身近なモデルを日本に定めます。清朝は一九〇八年に「欽定憲法大綱」を制定していますが、これは大日本帝国憲法の丸写しでした。

韓国併合と稚拙だった日本の植民地政策

君塚　東アジアについては、まずは韓国併合の問題から考えてみましょうか。このとき日本が大韓帝国を併合し、第二次世界大戦終了時まで植民地統治を続けたことが朝鮮半島の人々の恨みを生み、今も日韓関係が安定しない大きな要因となっています。「日本は本当に大韓帝国を統合するしかなかったのか」というのは、検討してみる必要のあるイシューといえます。

日本は同じ島国として、イギリスとよく比べられます。東アジアとヨーロッパとでは、地政学的な条件も、論理や世界観もまったく異なることは重々承知したうえで、あえて日本の大陸政策の対比としてイギリスの大陸政策の話を持ち出してみますね。

イギリスは一六世紀半ばにヨーロッパ大陸にわずかに残っていた領土を失ったあと、大陸内に領土を有する意思を完全に放棄します。代わりにヨーロッパの外に目を向け、海洋帝国としての礎を着々と築いていくことになります。

しかしイギリスが大陸から手を引いたとしても、大陸側の国がイギリスに侵攻してくることはあり得ます。特にイギリスは日本と同じ島国といっても、大陸との距離がまったく違うんですね。対馬海峡の幅が約二〇〇キロなのに対して、ドーバー海峡の最狭部はわずか三三キロしかありません。一九世紀にもなると、泳いで海峡を渡る人が何人も出てきたほどです。ですから大陸から攻められるリスクは、日本よりもイギリスのほうが断然大きかったといえます。

そこでイギリスが重視したのは、ドーバー海峡の対岸にあるベルギーだけは絶対に押さえておくということでした。大陸ヨーロッパの強国によってベルギーの港に海軍基地でも作られようものなら、軍事的緊張感が一気に高まることになるからです。二〇世紀初頭の日本にとって朝鮮半島が国家存亡の生命線であったのと同じように、イギリスにとってはベルギーが生命線だったのです。

ベルギーがオランダからの独立を宣言したのは、一八三〇年のことです。ベルギーの独立は翌年、英・仏・露・墺・普の五大国によって開催されたロンドン会議において正式に承認されますが、この会議を主導したのはイギリスの外務大臣を務めていたパーマストンでした。パーマストンは、ベルギーの新たな国王に、イギリスと縁の深いザクセン・コーブルク・ゴータ公国のレオポルドを擁立させることに成功します。さらに一八三九年には、フランスやプロイセンが領土的野心をベルギーに向けることがないようにするために、ベルギーを永世中立国にすることについても列強に認めさせます。

イギリスにとってベルギーが国家存亡の生命線だからといって、イギリス自身が大陸に進出してベルギーを領有してしまったら、大陸ヨーロッパの国々との軋轢が高まります。そこでベルギーに親英国家を誕生させるというかたちで大陸ににらみを利かせるとともに、周辺国から攻められることがないように永世中立国化するという策を選択したわけです。

だから一八七〇年の普仏戦争のときでも、プロイセンやフランスはベルギーには一歩たりとも足を踏み入れていません。両国ともイギリスとベルギー中立条約を結んだうえで、戦争に臨んでいます。ベルギーに侵入することはイギリスを敵に回すことを意味しますから、そこは慎重に避けようとしました。ちなみにベルギーが中立国であることを最初に無視して侵攻したのは第一次世界大戦時のドイツ、次が第二次世界大戦時のナチスドイツでした。

話がちょっと長くなりました。もちろん日本もイギリスのように振る舞えばよかったとは言いません。時代状況も政治状況も違います。ただし大陸からやや離れた場所に位置しており、大陸に対して比較的自由な外交的選択を採り得るという島国の特性を活かして、日本はもう少し別の大陸政策を採用することはできなかったのだろうかとは思います。当時の帝国主義的状況の中では、保護国化するところまではやむをえなかったとしても、併合までしてしまったのは悪手だったのではないか、という問いが浮かんできます。

岡本　そこは日本にとっても、悩ましいところでした。当初は元老たちは、大韓帝国を保護国としたうえで、独立についてはそのまま維持していく方針でした。特に伊藤博文あたりはそうした考えでした。

しかし前にも話したように、韓国の知識人たちは依然として中華世界の秩序観の中で生きていました。その秩序観の中では、皇帝同士は対等な関係にあるのに対して、国王は皇帝に臣従する一等下の立場とみなされます。朝鮮が独立にあたって君主号を皇帝に、国号を大韓帝国に改めたのは、清朝や大日本帝国と対等な立場に立つためでした。

ですからこうした秩序観に則った場合、日本と大韓帝国はどちらも皇帝を君主としている限りは対等な関係であるはずであり、日本が大韓帝国を保護国とするのは中華世界のロジックとしては矛盾します。その矛盾を解消するためには、日本が大韓帝国の保護国化をあきらめるか、あきらめないのであれば日本が韓国を冊封《さくほう》し、韓国は日本の属国であることを内外に知らしめる必要がありました。そうしないと中華世界の秩序観にどっぷりとはまっている当時の朝鮮半島の知識人は納得しないわけです。

そこで大韓帝国を併合することを選択した日本が手続き上おこなったのは、日本の皇帝である天皇が、大韓帝国の皇帝である隆熙《りゅうき》帝（純宗）を昌徳宮《しょうとくきゅう》李王として冊封することでした。また呼称も「帝国」の「韓国」でなく、清朝の属国「王国」であったときの「朝鮮」に戻されました。

先ほど君塚先生は、ベルギーの扱いをめぐってヨーロッパの五大国がロンドン会議を開催したという話をされていましたが、この時代の東アジアの難しさはそうした会議外交が成り立たなかったことです。会議外交を成立させるためには、国の利害はそれぞれ異なれども、国家間で同じロジックを共有していることが前提となります。しかし東アジアの場合、日本は西洋的なロジックにいち早く衣替えしたのに対して、韓国は中華世界のロジックの中にいた。だから話がかみ合わない中で、外交を進めていかなくてはいけなかったというところに東アジア特有の困難さがありました。

君塚　日本は韓国の保護国化と併合については、国際社会から非難を浴びたり干渉されたりしないように、各国からの同意を慎重に得ていきましたよね。

岡本　アメリカと結んだ桂・タフト協定などもそうですよね。アメリカも太平洋や東アジアの利権をめぐっては日本と競争関係にありましたので、利害の調整を図る必要がありました。桂・タフト協定では、アメリカのフィリピン支配を認めるのと引き換えに、日本の朝鮮支配をアメリカに認めさせることに成功します。そこは日本も帝国主義的な時代状況の中で、帝国日本としての足場を着実に築くために、用意周到かつ必死でした。

君塚　しかしその後の植民地政策は、稚拙だったとしかいいようがありません。

岡本　日本は「遅れてきた帝国」と言いますか、長い歴史の中で「複数の民族を内包する」という意味での帝国になった経験がまったくありませんでした。日清戦争後に清朝から台湾を割譲されたのが最初で、次が朝鮮半島でした。ですからイギリスのように一六世紀末からヨーロッパ域外に目を向け、試行錯誤を繰り返しながら植民地支配を巧みにおこなっていくための術を身につけてきた国と違って、植民地帝国としてのノウハウがなかったんですね。日本は朝鮮を統治するにあたって、日本のローカルルールを現地に押しつけようとしました。神社を建てるとかね。けれども文化や風土や習俗や、意思決定の仕組みといったものは、それぞれ国や地域ごとに違うわけで、それを無視して自分たちのやり方を強制してもうまくいくわけがありません。現地の人たちからの反発が高まるだけです。

それは古代からの帝国の歴史が証明しています。秦の始皇帝にしてもアッシリア帝国にしても、そういうやり方を採用した帝国は短期で滅んでいます。逆にアケメネス朝ペルシアやローマ帝国、漢といった帝国は、領域内で暮らす人たちの多様性を包摂したまま統治していくシステムを確立したことによって、長期にわたって帝国を維持することに成功しました。

君塚　日本は帝国としての統治のノウハウを持っていなかったのだから、これまでの帝国の統治の歴史を学ぶ必要があったということですね。でも学ばなかったと？

岡本　加えて朝鮮を統治するのであれば、朝鮮という地域や人々のありようについても、しっかりと勉強してから臨む必要がありました。それも怠ってしまったのですから、植民地統治がうまくいかなかったのは当然の帰結でした。

「中国」と「中国人」が誕生する

君塚　次に日露戦争後の清朝の状況について見てきたいと思います。先ほど岡本先生は、「日露戦争の結果は、清朝にも大きな影響を及ぼした」と話しておられました。

岡本　日露戦争後、清朝の内部では、東アジアにおいて唯一西欧的な近代化に成功し、ロシアにも勝利した日本をモデルにして、国を立て直していこうとする動きが起きました。

先ほども話したように、清朝は一九〇八年に「欽定憲法大綱」を制定しました。これは清朝の政体を専制君主制から立憲君主制へと改めるというものでしたが、その内容は大日本帝国憲法を丸写ししたものでした。大日本帝国憲法の第一条に倣って、「大清皇帝は万世一系である」とまで書き込まれていました。「いやいや、中国は王朝交代を繰り返してきましたよね。万世一系であるはずがないでしょう」という話なのですが（笑）、そうまでしてでも日本を真似ようとしたわけです。

この「欽定憲法大綱」で重要なのは、清朝が初めて帝国を自称したことです。「帝国」は、日本の蘭学者が明治維新のときにオランダ語で言う「ケイゼレイク」、ドイツ語で言えば

「カイゼル」、英語で言えば「エンペラー」、つまり皇帝が君臨している国を指す言葉として作り出した翻訳語です。

一方、かつての中華の世界観では、帝国などという言葉は存在しようがない語彙概念でした。中華では、天は一つであり、天から天下を治めるように天命を受けた天子、すなわち皇帝が治める範囲も天下全体であるとされてきました。一方国は、ある一定の限定されたエリアを示す概念です。ですから「皇帝」の「帝」に「国」をくっつけて「帝国」などと称するのは、中華世界の概念上は矛盾することでした。

そんな中で清朝が帝国を自称したということは、天は一つではなく、帝国は並び立つものであり、清朝もまた数ある帝国のうちの一つであることを自ら認めたことを意味しました。

君塚　ここまで岡本先生は、近代ヨーロッパ的な国家観、国際関係観を身につけた日本と、清朝や朝鮮が有していた中華的世界観のズレについて話してこられましたよね。そのズレが東アジアの国家間の対話を困難なものにさせてきました。しかし清朝が自ら帝国を名乗ったということは、西欧的な国際秩序観をついに受け入れたと捉えることができます。これにより日本と清朝は、ようやく同じロジックで対等に対話ができる関係になったと言ってもよいでしょうか。

岡本　ところがそうはいきませんでした。日本はこのころになると、朝鮮や清朝、さらには清朝滅亡後に成立した中華民国を自分よりも一段下の国家とみなすようになっています。朝鮮半島や中国大陸は、そこを踏み台として西欧列強と肩を並べるための手段としてしか見なくなっているわけです。ですから今度は日本側の問題で、日本と中国は対話が成立しない状態が続くことになります。東アジア特有の困難、不幸といっていいかと思います。

君塚　もう少しこの時期の清朝と言いますか、中国の変化についてのお話を岡本先生に伺いたいと思います。中国では日清戦争後、国民国家を志向する動きも起きますよね。その理論的支柱となったのが、先生が『悪党たちの中華帝国』（新潮選書）でも取り上げられている梁啓超《りょうけいちょう》でした。

岡本　梁啓超は、もともとは変法運動のリーダーだった康有為の弟子でした。クーデターによって変法派が失脚すると、梁啓超は政敵から逃れるために日本に亡命します。その亡命先の日本で、彼の思想は変貌を遂げることになります。

当時の日本では、西洋の思想や政治システムについて著された翻訳本が数多く出回っていました。日本人は西洋由来の概念・タームに対して、新たに翻訳語を作って当てはめることで、その思想を巧みに吸収していました。当時の日本語の文章は、漢文の書き下し文が中心でしたから、梁啓超にとっても理解しやすいものでした。

彼は日本の翻訳本を通して、西洋思想を貪欲に自身の中に取り入れていきます。そして国家主義の概念に出会います。それまでの中国には、清朝とか明朝といった王朝名はありましたが、国名はありませんでした、また人々は自分が住んでいる国に対して、「これは私たちの国で、私はこの国の国民である」という意識もありませんでした。のちに孫文《そんぶん》は「中国の民衆は、まるで一面に広がるバラバラの砂（一片散砂）のようだ」と述べますが、まさしく人々は砂のようにまとまりがない状態でした。彼は、中国が列強に後れを取っているのは、そこに要因があるのではないかと考えました。

梁啓超（1873～1929）

そこで梁啓超は、それまで王朝名しかなかった自国に「中国」という名称をつけます。そして人々をひとつにまとめるために愛国主義を唱えます。中国の人たちが自国のことを中国と呼び、自身のことを中国人と称するようになったのは、梁啓超以降のことです。

この対談の序盤のころに「アヘン戦争では中国は

何も変わらなかった」と述べましたが、二〇世紀に入ったばかりのころ、ようやく中国は本気で変化を志すようになったといえます。

中華民国が見つけた最適な政治体制は、ソ連の民主集中制

君塚　そうした中で一九一一年に起きたのが、辛亥《しんがい》革命でした。連綿と続いていた中華の皇帝政治がついに途絶え、中国の政体は中華民国による共和制へと移行することになります。

岡本　多くの革命がだいたいそうだと思いますが、辛亥革命も偶発的に成功した革命でした。この革命のリーダーである孫文は、それまでに何度も武装蜂起をしては、そのたびに失敗していました。では今回の蜂起に関しては用意周到だったかといえば、そんなことはありませんでした。途中で計画が警察に発覚し、多数の逮捕者も出ています。そして追いつめられた状況の中で強引に蜂起したところ、うまい具合に湖北省の武昌《ぶしょう》の占領に成功し、その後各地の清朝の地方長官や軍隊なども革命側に転じてくれたことで、どういうわけか成功しました。

君塚　わかります。辛亥革命の六年後に起きたロシア革命なんかもそうですね。なおかつ革

命は貫徹しないといいますか、だいたい最初に意図したものとは違う方向へと流されていくことになります。辛亥革命の場合もそうでしたよね。

岡本　辛亥革命によって成立した中華民国では、さっそく臨時約法という憲法を制定して、国民主権や三権分立、議会制度、大統領制といったヨーロッパ的な政治思想、政治体制をそのまま中国に移入しようとします。しかし出発時点から、どれもこれもうまくいきませんでした。そして大統領に就任した袁世凱《えんせいがい》が、臨時約法を廃棄して独裁色を強めていきました。彼は帝制を敷いて皇帝に就くことをもくろんでいた時期もありました。

臨時約法の制定に力を注いだ宋教仁《そうきょうじん》などは、本気で中国に民主政治を根づかせようとしていました。しかし、それは急には無理なことでした。日本ですら第一回帝国議会を開会したのは、明治維新から二〇年以上が経過した一八九〇年です。自由民権運動などを通して国民の政治への参画意識が徐々に高まっていき、機が熟すまでにそれだけの月日がかかったということです。ましてや中国は、国土が日本の約二五倍ありますし、人口も当時すで

袁世凱（1859〜1916）

に四億人を突破していました。ですから相当な長期戦で臨む覚悟が求められる事業でした。また革命を成し遂げた知識人自身も、民主政治とは何たるかを頭ではわかっているつもりでも、経験がないものだから体がついていかない。袁世凱にしたって清朝の政治しか知らないものだから、自分が頂点に立つとなると皇帝になることしかイメージできないわけです。

袁世凱が強権的な統治を強めていったのは、当時の中国をとりまく時代状況も大きく作用していました。韓国併合など、大陸における日本の動きが目に見えてアグレッシブになっていましたからね。日本は第一次世界大戦が始まると、中国に対して二十一カ条の要求を突きつけてきます。これに対抗するには、とてもじゃないが時間をかけて民主政治を育んでいるような余裕はなく、トップダウンで物事を進めていくしかないということもありました。

君塚 梁啓超が中国に持ち込んだ国民国家の概念は、知識人のあいだではどれぐらい浸透していたのでしょうか。

岡本 日本人が西洋の政治哲学書や法律書を日本語に翻訳したものを、さらに中国語に翻訳したものを読んで、理解したふりをしていたというレベルでしょうね。ただし彼らがどこまで理解できていたかは別として、この時期から中国は明確に国民国家化を志向し始めました。そして現在も中国は、国民国家化の途上にあり、国民国家になることを志向し続けています。

新疆ウイグルの人たちを再教育して、強引に漢民族に同化させようとしているのも、「同じ中国人」を作ることで国民国家を実現するためです。

君塚　中国が国民国家になるのは、相当大変ですよね。前にも少しそういう話になりましたが、国には国民国家になることが比較的容易な国と困難な国があります。ひとつにはサイズ感ですね。ヨーロッパは小国が多いですから、わりと国民国家ができやすい。

岡本　それでも大変でしたけどね。フランスやスペインあたりは、サイズ感としてはちょっと大きいですよね。ドイツは微妙なところです。国民国家が成立するには、国を構成している人々のあいだで、「自分たちは同じ言語や文化、歴史を共有している」という一体感が醸成されていることが条件になりますが、フランスにせよドイツにせよ、もともとは領域内に複数のエスニック集団を内在させていました。また、近世ヨーロッパの国家体制のことを礫《れき》岩《がん》国家と呼ぶ言い方があります。礫岩とは、小石が集まってできた岩石のこと。そして礫岩国家とは、一人の君主が国家を支配してはいるが、国内の各地域では各々の地域独自の法や行政システムのもとに統治がおこなわれていた国家体制のことをいいます。ですからヨーロッパも近世までは、国としての純度はけっして高いものではありませんでした。それが近代に入って国民の概念が創出され、そこから時間をかけながら国内の言語や文化の均質化が図られていく中で国民が確立され、国民国家が形成されました。

君塚　イギリスにしたって連合王国ですからね。イングランド、スコットランド、ウェールズ、アイルランドから成り立っているわけで、今でも純粋な国民国家であるとはいえません。ですからイギリスの場合は、国王の存在が国全体を統合するものとして非常に重要な意味を担ってきました。

岡本　ヨーロッパですら国民国家の形成には一定の時間を要したのですから、中国がそれをめざすというのは、途方もない困難が伴います。中国には漢民族以外にも、満洲、モンゴル、チベット、ムスリムなどさまざまな民族が暮らしており、それぞれまったく異なる歴史や文化、言語を有しています。それを中華民族という概念を持ち出して、強引にひとつにまとめようとしても、それは無理というものです。また漢人社会も一枚岩ではありませんでした。ここまでにも話してきたように、官と民が著しく乖離しており、民もバラバラでした。だからバラバラな民をまとめる機能として、秘密結社を含めた中間団体が必要とされました。

君塚　そう考えると中国は、「複数の民族を内包している」という意味での帝国としてしか存立しえないといえるかもしれませんね。

岡本　辛亥革命以降、中華民国は自国の特質にぴたりと当てはまる政治体制が見つからず、迷走していました。袁世凱の死後も、各地で軍閥が跋扈《ばっこ》するなどして国内は混乱を極めます。そんな中で孫文たちが出会ったのが、ロシア革命によって成立したソヴィエト共産党政権から教えてもらった民主集中制でした。民主集中制とは何かをごく簡単に説明すれば、党の指導部や上位組織が決定した事項については、下位組織や党員は必ず従わなくてはいけないというものです。つまり完全に上意下達の統治システムです。中国のように社会も人々もバラバラな国において、歴代王朝とは異なるかたちで国を統治するならば、民主集中制がもっとも適した政治体制であったということです。

君塚　このとき導入された民主集中制を、その後成立した中華人民共和国も受け継ぎ、今も続いているということですね。

会議外交が機能しなくなっていた二〇世紀初頭のヨーロッパ

岡本　君塚先生は先ほど、日露戦争の結果がヨーロッパの情勢に与えた影響についてお話ししてくださいました。その後ヨーロッパは第一次世界大戦へと向かっていくわけですが、なぜヨーロッパは大戦を回避できなかったのかについても考えてみたいと思います。

君塚　第一次世界大戦は、「いとこたちの戦争」とも呼ばれています。敵味方となって戦ったイギリスのジョージ五世とロシアのニコライ二世、ドイツのヴィルヘルム二世は、いずれもヴィクトリア女王の孫やその配偶者であり、いとこ同士の関係にあります。ところがヨーロッパの大国の元首たちが縁戚関係にあったことは、戦争の抑止にはつながりませんでした。

その大きな要因として、各国の宰相や外相、外交官による会議外交が機能しなくなったことが挙げられます。かつてのヨーロッパでは、国際秩序を維持していくうえで会議外交は重要な役割を担っていました。例えば一九世紀前半に一連のナポレオン戦争が終結したあと、ヨーロッパの戦後処理を話し合うために、英・仏・露・普・墺の五大国が主導してウィーン会議が開かれました。そこで決まったのが、今後はナポレオンのときのフランスのように一国だけ飛び抜けて強い国が現れないようにするために、大国間の勢力均衡を図っていこうというものでした。こうしていわゆるウィーン体制が確立されました。

その後もヨーロッパでは一九世紀を通して、国家間で何か問題が起きたときにはその都度大国間で会議を開き、利害関係の調整を図るということがおこなわれました。もちろんクリミア戦争などのいろいろな戦争はありましたが、ヨーロッパ全体の秩序が大きく乱れるような事態は防ぐことができました。

ウィーン会議
中央左、椅子の前に立っている人物がメッテルニヒ、椅子に座る右から２番目がタレーラン　提供：ALBUM / アフロ

それが可能だったのは、オーストリアのメッテルニヒにしてもイギリスのパーマストンにしても、あるいは現場の外交官たちにしても、国を代表する立場としての利害や思惑は異なれども、文化的バックグラウンドや価値観を共有し、話が通じ合う関係であったことが大きかったといえます。時には妥協をすることの大切さについても、誰もが心得ていました。

あとはナポレオン戦争では多数の戦死者が出ましたし、ヨーロッパ全体の価値観も大きく揺さぶられました。勝った者も負けた者も、疲弊し尽くした戦争でした。ですから「あんな戦争はもうこりごりだ」という思いが、ヨーロッパ全体を協調へと向か

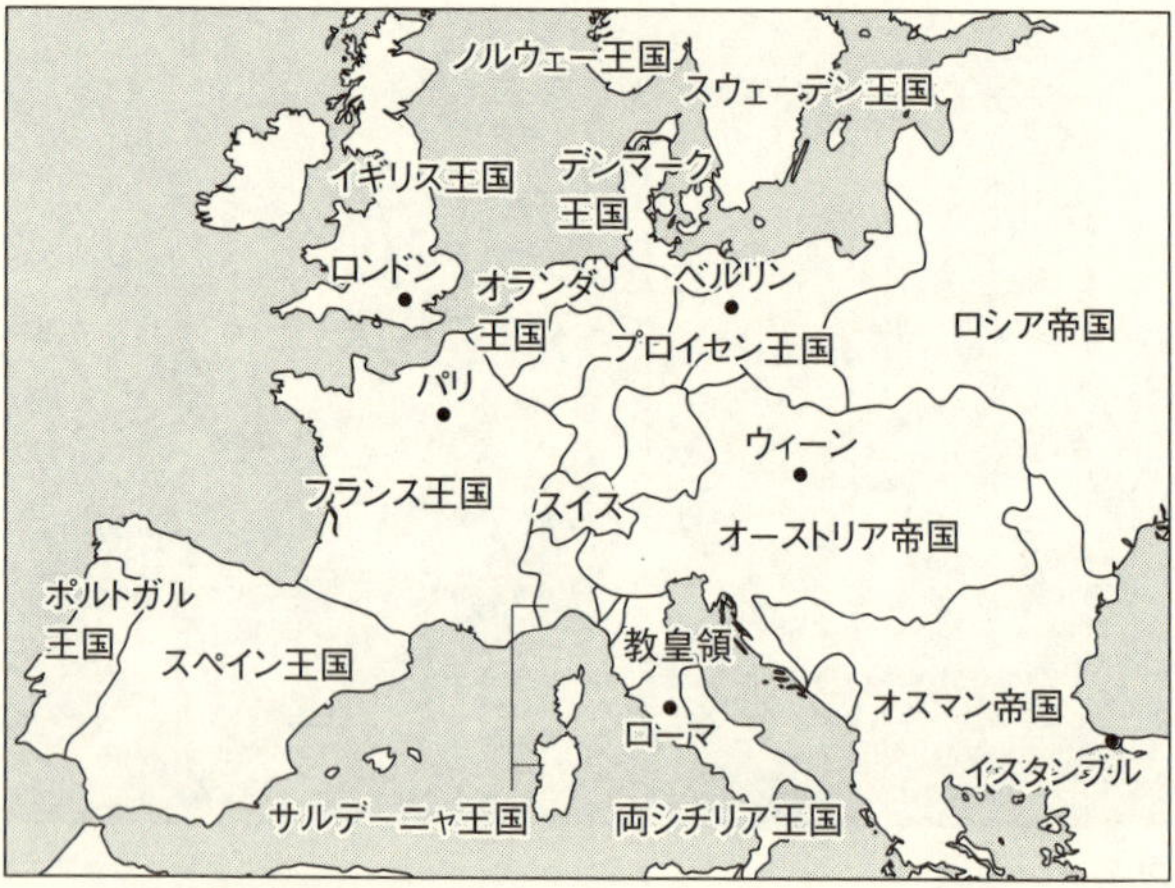

ウィーン体制下のヨーロッパ
出典：君塚直隆『ヨーロッパ近代史』（ちくま新書）

わせた側面もありました。

　ところが一九世紀後半のビスマルクの時代になると、もうナポレオン戦争のときの記憶はありません。そして一八九〇年にビスマルクが失脚すると、ヨーロッパ全体を取りさばくことができるだけの才覚を持った人物も不在となります。ヨーロッパは次第に秩序の維持を重んじる時代から、対立の時代へと移行していきました。

岡本　西欧列強は、アフリカやアジアなどのヨーロッパ外においては激しい植民地獲得競争を繰り広げるようになっていましたよね。

君塚　第一次世界大戦が始まった一九一四年当時、イギリス、フランス、ドイツ、ロシアの四カ国が支配していた領域を合わせると、世界の陸地面積の五割以上、人口の約半分に達していました。しかもそれだけでは満足せず、さらに貪欲に支配領域を広げようとしていました。そうなると、国も個人も以前とはずいぶん性格が変質してしまうといいますか、大国同士で協調しながら秩序を維持していこうという意識は後退し、他国を押しのけてでも自国の利益を最優先に確保しようとする姿勢が臆面もなく出てくるようになりました。

本来はそのように利害が対立しているときこそ、会議が重要になります。しかし当時のヨーロッパには今の国連のように、対立を調整する機能を有した常設的な国際機関は設置されていませんでした。開戦直前、イギリスのサー・エドワード・グレイ外相は事態の収拾を図るために列強間による臨時の国際会議の開催を提案しますが、実現することなくそのまま戦争に突入してしまいます。もし常設で会議をおこなう仕組みがこの時点で作られていたならば、あるいは第一次世界大戦は防げていたかもしれません。

バルカン問題と幻となったフランツ・フェルディナント大公の構想

岡本　第一次世界大戦の発火点となったのは、よく知られているように当時「ヨーロッパの火薬庫」と呼ばれていたバルカン半島でした。

君塚　バルカン半島がヨーロッパの火薬庫になったのは、長らくこの地域を支配していたオスマン帝国の衰退が大きく関わっています。オスマン帝国は、「広大で複合的で、複数の民族を内包している」というハウの定義（一八頁）にぴたりと当てはまる帝国でして、バルカン半島に混在しているさまざまな民族を支配下に置いていました。

ところが国力の衰退とともに次第にヨーロッパ諸国による蚕食の対象となり、一八七七年に起きた露土戦争でも敗北を喫します。そして翌年、バルカン半島における大国間の利害を調整することを目的に開催されたベルリン会議において、ルーマニア、セルビア、モンテネグロ、ブルガリアがオスマン帝国からの独立や自治を認められました。これは当時、バルカン半島の人々のあいだで高まっていた民族主義的な要求に対応したものといえます。

しかし、そうやって民族の独立や自治を認めたことによって、民族主義的要求が一段落したかというと、そんなことはありませんでした。バルカン半島の領土的再編をめぐって、一九一二年には第一次バルカン戦争、翌年には第二次バルカン戦争が起きます。

このバルカン半島の混乱に深く関与していたのが、この地域での勢力拡大を狙っていたロシアとドイツ、オーストリアでした。ロシアはバルカン半島のスラヴ系民族を結集したパン

THE BOILING POINT

今にも破裂しそうな「バルカン問題」にふたをしようとする列強
前列左から、ロシア、ドイツ、オーストリア、後列左から、イギリス、イタリア

フランツ・フェルディナント大公（1863～1914）

＝スラヴ主義、ドイツとオーストリアはパン＝ゲルマン主義を掲げ、第二次バルカン戦争後にはセルビアやルーマニアなどがパン＝スラヴ主義陣営、ブルガリアがパン＝ゲルマン主義陣営につきます。そしてこの対立構造の中で、オーストリア＝ハンガリー帝国の帝位継承者であったフランツ・フェルディナント大公がセルビア系の民族主義者の青年によって暗殺されるというサライェヴォ事件によって、ヨーロッパの火薬庫が発火。第一次世界大戦が勃発することになりました。

岡本　バルカン問題をオスマン帝国の側から見ると、一八七八年のベルリン会議より前、一八三〇年のギリシアの独立が、オスマン帝国の行く末に与えた影響は非常に大きかったといえます。

　オスマン帝国というと、イスラーム教勢力が打ち立てた帝国というイメージが強くあります。それはもちろん紛れもない事実なのですが、一方でヨーロッパ世界からはキリスト教のギリシア正教の継承者であるともみなされてきました。ご存じのように、オスマン帝国の首都だったイスタンブルは、かつてはコンスタンティノープルと呼ばれていたビザンツ帝国の首都でした。ビザンツ帝国は、この地にギリシア正教の本山であるコンスタンティノープル総主教庁を置いていました。そしてビザンツ帝国がオスマン帝国によって滅ぼされたあとも、オスマン帝国は変わらず総主教庁を存続させます。これによりオスマン帝国は、イスラーム世界を支配する帝国であると同時に、ビザンツ帝国とギリシア正教の継承者であるともみなされ、ギリシア正教に属しているバルカンの人たちに対してグリップを効かせることができたのです。

ところがギリシアが独立国家となり、アテネに大主教座が置かれると、オスマン帝国はギリシア正教の継承者としての威光を失います。これが折からの民族主義の高まりとともに、国民国家の創設を希求していたバルカン半島の諸民族の帝国からの離脱の動きを加速させることになりました。一方でコインの裏表のように、オスマン帝国の側もイスラーム世界への純化、トルコ化が進行していきました。オスマン帝国が終焉を迎えるのは第一次世界大戦後のことですが、すでにこの時期から帝国内部の性質は大きく変容していたといえます。

君塚　バルカン半島における民族主義の高まり、国民国家への要求が、この地域を領域としていた帝国に大きな影響を与えたという点では、オスマン帝国だけでなく、オーストリア＝

ハンガリー帝国も同じでした。

オーストリア＝ハンガリー帝国も、「複合的で、複数の民族を内包」していた帝国でした。こうした帝国が、帝国内の諸民族の国民国家化への志向を上手に抑えながら、帝国を維持していくのには大きな困難が伴います。そんな中で、帝位継承者であったフランツ・フェルディナント大公が描いていたのが三重君主国構想でした。すでにオーストリア＝ハンガリー帝国は、オーストリア皇帝がハンガリー国王を兼務する二重君主国でした。これに加えて、スラヴ系民族が多数を占めていたボヘミア、つまり今のチェコに該当する地域についても大幅な自治を与えれば、彼らの不満を解消することができるのではないかと考えたのです。フランツ・フェルディナント大公がこの構想を描くにあたって参考にしたのは、イギリスが植民地としていたカナダやオーストラリア、ニュージーランドに対して高度な自治を認めることで、これらの地域を帝国の枠組みの中に取り込もうとしたイギリスの政策だったともいわれています。

しかし大公の三重君主国構想は、日の目を見ることはありませんでした。先ほども述べたように、スラヴ系の熱烈な民族主義者であり、大公の真意など知る由もないセルビア系の青年に暗殺されてしまったからです。皮肉なことでした。

いずれにしても諸民族のあいだで起きた民族主義、国民国家への希求の高まりは、オスマン帝国やオーストリア＝ハンガリー帝国のような旧来型の帝国の存立を困難なものにさせつつありました。そしてその後起きた第一次世界大戦は、旧来型の帝国の命運を大きく左右する戦争となりました。

第4章

解体される帝国、生き残る帝国

——第一次世界大戦、パリ講和会議、ヴェルサイユ体制、ワシントン体制、満洲国建国

第4章の主なできごと

1814　ウィーン会議（〜1815）
1870　普仏戦争（〜1871）
1912　中華民国の成立
1914　第一次世界大戦（〜1918）
1915　対華二十一カ条の要求
1917　ロシア帝国の滅亡
1917　アメリカの第一次世界大戦参戦
1918　米ウィルソン大統領、十四カ条の平和原則を発表
1918　ドイツ帝国の滅亡
1918　オーストリア＝ハンガリー帝国の滅亡
1919　パリ講和会議
1919　ドイツ共和国の成立
1920　国際連盟の成立
1921　ワシントン会議（四カ国条約の成立、〜1922）
1922　オスマン帝国の滅亡
1922　ソヴィエト連邦の成立
1926　北伐（〜1928）
1927　上海クーデター、南京国民政府成立
1929　世界恐慌が始まる
1932　満洲国の成立
1933　ヒトラー内閣の成立
1935　独、再軍備宣言
1936　独、ラインラント進駐
1937　盧溝橋事件
1938　独、ズデーテン地方併合

第一次世界大戦の結果、四大帝国が消滅する

君塚　一九一四年七月に勃発した第一次世界大戦は、一九一八年一一月まで四年余りにわたって続きました。ご存知のように第一次世界大戦は、これまでの戦争とは一線を画するものとなります。以前より格段に殺傷能力を増した機関銃や高射砲などが次々と戦場に投入され、戦車や毒ガス、潜水艦、戦闘機といった新兵器も登場しました。そのため戦場の光景は、かつてないほどの惨状を呈しました。

特に顕著だったのが、砲弾による戦死者数の増加です。一八七〇年に起きた普仏（独仏）戦争では、プロイセン側の戦死者のうち、砲撃による死者数の割合は約八パーセントでした。一方第一次世界大戦では、ドイツ軍の戦死者に占める砲撃を原因とした戦死者は八〇パーセントに達しました。

ドイツだけではありません。各国とも戦死者数が膨れ上がり、いくら戦場に新たに兵士を送り込んでも次々と死傷していくものだから、慢性的な兵士不足に陥りました。そのため各国は、戦争を継続するために国家総動員体制に切り替えざるを得なくなります。以前の戦争

は、職業軍人と若干の義勇兵さえ確保すれば戦うことができましたから、直接戦争に関わっていた国民は全体の数パーセントにすぎませんでした。ところが第一次世界大戦では、イギリスですら他国に遅れて徴兵制が敷かれ、健康な男たちはみな戦場に駆り出されていきました。国内ではいなくなった男性の代わりに、女性の労働者が軍需工場で働くことで戦争を支えました。まさしく総力戦でした。

岡本　対談のテーマである「帝国」の観点で第一次世界大戦を概観してみると、この大戦の結果、皇帝を戴く帝国がこぞって崩壊へと向かいます。まず敗れた同盟国側のうちドイツでは、大戦末期に水兵の反乱をきっかけにドイツ革命が起き、ヴィルヘルム二世はオランダに亡命。ドイツは共和制へと移行します。またオーストリア＝ハンガリー帝国は、支配下にあった諸民族が終戦前後に次々と独立を宣言したことにより、解体を余儀なくされました。そしてオスマン帝国では大戦後の一九二二年に帝政が廃止され、トルコ共和国になります。一方連合国側のロシア帝国でも、大戦中に起きたロシア二月革命によってニコライ二世が退位し、ロマノフ朝は滅亡しました。さらにその後十月革命が起き、ロシアは戦線からも離脱していきました。

振り返れば一九世紀末には、大韓帝国なども含めて世界には皇帝と帝国があふれかえっていました。ところが二〇世紀を迎えてからのわずかばかりの期間で、アジアでは韓国併合や辛亥革命によって朝鮮や中国から皇帝と帝国が姿を消し、ヨーロッパでは第一次世界大戦の結果として、皇帝を戴く帝国が軒並み滅亡したわけです。あと残っているのは、大日本帝国ぐらいになってしまいました。

君塚　今、岡本先生がおっしゃったように、第一次世界大戦を契機に諸帝国が滅びたのは、戦争に敗れるなり革命が起きるなりした結果ではあります。ただし、もし仮にあの戦争で同盟国側が勝っていたとしても、あるいはロシア革命が起きなかったとしても、オーストリア＝ハンガリー帝国やオスマン帝国、ロシア帝国が従来の帝国のかたちをその後も維持できたかといえば、難しかったのではないかと私は考えています。

ニコライ２世（1868～1918）

第一次世界大戦は各国とも国民を総動員した総力戦となりました。イギリスでいえば、これまで国を守るのは「高貴なる者の責務」、つまり地主貴族階級の務めとされてきましたが、第一次世界大戦では国民全員がこの責務を担いました。務めを果たした者に対しては、当然その見返りとして一定の権利を付与する必要が出てきます。そのためイギリスでは大戦中に二一歳以上の男子すべてと三〇歳以上の女性にも選挙権が与えられることになりました。こうしてイギリスは、長らく続いた貴族政治の時代から大衆民主政治の時代へと移行していきます。

ですからもし仮にドイツ帝国やロシア帝国が大戦後も生き残れていたとしても、同様のことが求められたでしょう。これまでのような専制君主制を維持していくことは、国民から受け入れられなくなっていったのではないでしょうか。イギリスのように国民の権利を拡大したうえで、憲法に則って議会が政治をおこなっていくかたちの立憲君主制へと移行せざるを得なかった。しかしヴィルヘルム二世やニコライ二世が、自身の権力を手放して名目だけの君主に収まることを承諾できたかというと、無理だったかもしれません。結局、皇帝に対する国民の不満が高まって革命が起き、ドイツ帝国やロシア帝国は滅亡した可能性が高かったと想像できます。

専制君主が複数の民族を内包した領域を治める旧来型の帝国は、民族主義や国民国家形成への人々の希求が高まる中で、ただでさえ維持が困難なものとなっていました。そこに第一次世界大戦のように、国家が国民を総動員して戦わなくてはいけない時代が到来したことによって、さらに旧来型の帝国は時代にそぐわないものになっていったという見方ができます。

岡本　ただしロシアに関しては、ロシア帝国は確かに滅亡しましたが、ソ連になったあとも実質的には帝国のままでしたよね。ロマノフ朝の皇帝の代わりに、今度は共産党が民主集中制のもとに人民を支配しました。

君塚　そうですね。ロシア革命後、旧ロシア帝国領からはポーランドやフィンランドなどが独立を果たしてはいきましたが、とはいえソ連は広大な領土のほとんどをロシア帝国から受け継ぐことになりました。その領土内には多くの民族を抱えていました。こうした広大な領土を持ち、かつ多様な民族を内包している国家が国をひとつにまとめるうえで手っ取り早いのは、強権を発動できる皇帝をトップに据えることです。しかしすでにこの国には、絶対的な権力を持った皇帝は存在していない。そこで皇帝なき時代の帝国を統治する手段として、ソ連が採用したのが民主集中制でした。そして先ほど岡本先生が話されていたように、その民主集中制をソ連から学んで自国に採り入れたのが、同じく広大な領土を持ち、かつ多民族国家でもある中国でした。

岡本　ロシアがなぜ専制国家、最近の言葉でいえば権威主義国家にならざるを得なかったのかを別の観点から説明すると、そもそもがユーラシア大陸出自の遊牧国家ベースの帝国として成立したことが大きいですよね。住民側から見れば、軍事的に卓越した連中が突如自分たちが暮らしている地域に侵入してきて、圧政を始めたわけです。生殺与奪を完全に握られているため、住民は抗いようがありません。そのため住民の防衛本能として、「上の者が命じることには従いはするけれども、自分たちは自分たちの許される範囲で好き勝手なことをしよう」という意識が働き、この意識が根づいていきました。こうした国家では、下からの民主主義は育ちようがありません。これがロシア帝国崩壊後のソ連においても、またソ連崩壊後の今のロシアにおいても続いているわけです。

ウィルソンが掲げた民族自決とは何だったか

君塚　第一次世界大戦において、連合国側の勝利におおいに貢献したのがアメリカでした。アメリカは当初中立の立場を保っていましたが、大戦後半の一九一七年四月にドイツに宣戦布告することで参戦へと踏み出しました。当時アメリカ大統領を務めていたウィルソンは、参戦から九カ月後の一九一八年一月に、大戦後の国際政治のあり方を提唱した十四カ条を公表します。この十四カ条の特徴は、国際協調の推進や軍縮、国際平和機構の設立などとともに、民族自決の考え方が強く打ち出されていたことでした。具体的にはオーストリア＝ハンガリー帝国内の民族自治の実現、バルカン諸国の独立の保障、オスマン帝国支配下の民族の自治の保障、ポーランドの独立などが十四カ条の中に盛り込まれていました。

岡本　ウィルソンは十四カ条によって民族自決を強く推進しようとしたわけですが、これは裏を返せば、ウィルソンによる帝国の否定を意味しています。ウィルソンの見立ては、「オーストリア＝ハンガリー帝国やオスマン帝国の支配下にある民族が自決できないのは、帝国が彼らの自由を束縛しているからである。つまり悪いのは帝国である」というものです。この対談の冒頭で「帝国＝悪というイメージが定着したのは、それほど昔のことではない」と述べましたが、おそらくアメリカが国際政治の表舞台に登場したこの時代あたりからだろうと考えられます。

ウッドロー・ウィルソン
（1856～1924）

第一次世界大戦は結果として同盟国の敗北に終わり、ドイツ帝国もオーストリア＝ハンガリー帝国もオスマン帝国も、地上から姿を消しました。ウィルソンはこれを「我々は帝国の桎梏《しっこく》から諸民族を解放することができた。正義が貫徹された」とみなしたことでしょう。

しかしこれはフィクションですよね。第一次世界大戦は正義と悪の戦いでも何でもなく、列強間の利益獲得欲求が剝き出しになった帝国主義的戦争そのものでした。戦勝国となったイギリスやフランスにしても、アジアやアフリカにおいては植民地帝国として相当えげつないことをおこなっていました。イギリスやフランスが善で、ドイツ帝国やオーストリア＝ハンガリー帝国だけが悪だったというようなことはあり得ません。

君塚　そこはアメリカは民主主義を信奉している国ですから、ウィルソンから見れば議会制民主主義が定着しているイギリスやフランスは、皇帝が専制政治をおこなっていたドイツやオーストリアとはまったく違うわけです。ウィルソンはもともとは政治学者で、現実をそのまま見ようとはせず、自分の理論に現実を強引に当てはめて見ようとするところがありました。

岡本　イギリスもフランスも、ウィルソンが言うことがフィクションであることはわかっていたはずです。しかし自分たちを正当化する手段としてフィクションに乗っかったほうが都合がいいから受け入れました。

君塚　ウィルソンにとって、中央ヨーロッパやバルカン半島で暮らしている民族の自決は非常に重要な問題ではありました。しかしアジアやアフリカの民族自決については、眼中にありませんでした。むしろアジアやアフリカに対しては、「自分たちが文明化してやってあげているんだ。にもかかわらず、あいつらが逆らうから武力を使わざるを得ないんだ」ぐらいの意識だったのではないでしょうか。ですからこの地域におけるイギリスやフランスの傍若無人な振る舞いについても、等閑視することができたわけです。アメリカ自身も、中米の国々に対して棍棒《こんぼう》外交や海兵隊外交を繰り広げていましたしね。

岡本　いささか乱暴な言い方ですが、当時の白人にとって、有色人種は人間ではなかったんです。ヨーロッパの諸民族とアジアやアフリカの民族を公平に扱わなくても、彼らの中では矛盾しませんでした。

君塚　ウィルソンは帝国を否定しましたが、それによって植民地は減ったかというと、そんなことはありませんでしたよね。むしろ大戦後、戦勝国となった国々は敗戦国から植民地を奪うことで領土を拡大させていきました。イギリスの領土がもっとも広くなったのも、実はこのときで、世界の陸地面積の四分の一を占めるまでに至りました。またアジアでは日本が連合国側として第一次世界大戦に参戦した結果、大戦後には南太平洋に広大な領土を獲得しました。

岡本　そうですね。ただし戦勝国がドイツやオスマン帝国から奪ったそうした土地については、いちおう植民地ではなく、委任統治領と名づけられましたよね。「それらの地域で暮らしている人々は、まだ自立の準備ができていないから、国際連盟から委任された国が代わりにその地域を統治する」という体裁にしました。

君塚　それは単に言葉遣いを変えただけです。実質的には植民地支配と何も変わりませんでした。

岡本　ウィルソンが民族自決を掲げ、イギリスやフランスも彼の理想主義を受け入れた以上は、自分たちが新たに獲得する領土のことを植民地とはさすがに呼べなくなったということですね。植民地支配というのは、その地域で暮らしている民族の独立を否定することによってしか成立しないわけですから、「これは植民地統治ではなく、委任統治である」という理屈をひねり出したわけです。いずれにしても彼らは、ヨーロッパ以外に居住している民族の自決なんて考えていませんでした。

君塚　ウィルソンによって旧来型の帝国は否定されたけれども、国民国家型の帝国は大戦後も生き残っており、彼らは植民地経営に関する権利をけっして手放そうとはしなかったということです。ですから第一次世界大戦の結果として、これまで世界を支配してきた価値観が何か大きく変わったかといえば、確かに変わった部分もあったけれども、変わらなかった部分も多かった。列強はまだこの段階では、一九世紀後半以降に獲得した帝国主義的な価値観を捨て去ることはできませんでした。人も社会も、それほど急には変われないということです。

岡本　おっしゃるとおりで、第一次世界大戦によって変わったことといえば、皇帝が君臨する国が大日本帝国を除いて世界から消滅したことと、国際社会におけるアメリカの影響力が増したことぐらいで、それ以外は相変わらず一九世紀後半の帝国主義的世界の延長線上にありました。そしてその延長線上に、ドイツと日本が帝国主義的な領土拡張の野心を露わにするようになり、第二次世界大戦を誘発することになります。

パリ講和会議とケインズの予言

君塚　もう一度話題を第一次世界大戦終結直後のヨーロッパに戻します。戦争は戦後処理がとても大切になります。処理の仕方を間違うと、それがまた新たな戦争の火種となってしまうからです。そういう意味で第一次世界大戦の戦後処理は、明らかな失敗に終わりました。

パリ講和会議
写真：TopFoto／アフロ

大戦終結からわずか二〇年後に、第一次世界大戦をさらに上回る悲惨な戦争となった第二次世界大戦を引き起こしてしまったからです。

第一次世界大戦の戦後処理を検討するための会議は、一九一九年一月にパリ講和会議としてパリで開かれました。そして会議の結果を受けて、戦勝国と敗戦国とのあいだでヴェルサイユ条約をはじめとした諸条約が結ばれ、戦後ヨーロッパ社会はいわゆるヴェルサイユ体制のもとに再出発を図ることになります。

パリ講和会議にはドイツなどの敗戦国の代表は、いっさい参加が認められませんでした。戦勝国のあいだで議論をして決まったことが、一方的に敗戦国側に通告されたのです。パリ講和会議の約一〇〇年前に、ナポレオン戦争後の戦後処理を目的に開催されたウィーン会議とは大違いでした。あのときは敗戦国のフランスのタレーラン外相も、オーストリア帝国のメッテルニヒ外相やイギリスのカースルレイ外相と対等な立場で会議に参加していました（一三五頁）。フランス抜きには、ヨーロッパの国際秩序の再構築を図ることは困難だったからです。

そして会議の結果も、ウィーン会議とパリ講和会議とでは対照的でした。ウィーン会議では、フランスに対して若干の賠償金の支払いや領土の割譲が課されることにはなったものの、基本的にはこれまでどおりヨーロッパの大国としての地位が保障されることになりました。ナポレオン戦争は、ヨーロッパ全域で五〇〇万人以上もの人が亡くなるという当時としては未曽有の大戦争でした。にもかかわらず、その悲惨な戦争を引き起こした張本人であるフランスに対して寛容な措置をおこなったのは、そのほうがその後のヨーロッパの平和と安定につながると判断したからです。事実その後ヨーロッパでは、何か問題が起きたときにはフランスを含めた五大国が集まって調整することで国際秩序を守っていくという会議外交が有効に機能したことにより、長きにわたって大きな戦争が起きる事態を回避することに成功しました。

一方パリ講和会議では、ドイツに対して非常に苛酷な制裁が課されました。まずドイツは、領有していたすべての海外植民地を失うことになり、軍備も陸軍が上限一〇万人とされるなど厳しく制限されました。そして莫大な賠償金の支払いも命じられます。のちに賠償金の額は一三二〇億金マルクに決定したのですが、これは戦前のドイツの国民総所得の二・五倍に相当するものでした。ちなみにナチスは賠償金の支払いを拒否しましたが、その後ドイツは支払いを再開し、メルケルが首相を務めていた二〇一〇年にすべてを払い終えました。実に九二年後のことでした。

岡本 パリ講和会議において、戦勝国が下した判断がいかに愚かなものであったかについては、当時から見える人には見えていました。会議には、のちに経済学者として名を馳せるケインズも、イギリスの若き大蔵官僚として出席していました。彼は会議で下された結論に憤慨し、辞表を叩きつけたうえで、会議の開催中にもかかわらずイギリスに帰国してしまいます。ドイツに巨額の賠償金を支払うことを強行すれば、ドイツ社会が混乱に陥るのは必至であり、ヨーロッパにも悪影響をもたらす、というのが彼の主張でした。ケインズの予言どおり、大戦後のドイツ社会は混迷を極めたために人々の不満が高まり、それがナチスの台頭を招いた結果、第二次世界大戦へと突入していくことになります。

君塚 そう、見える人には見えていましたね。講和会議に絶望したのは、やはりイギリスから若き外務官僚として会議に出席していたハロルド・ニコルソンも同じでした。パリ講和会

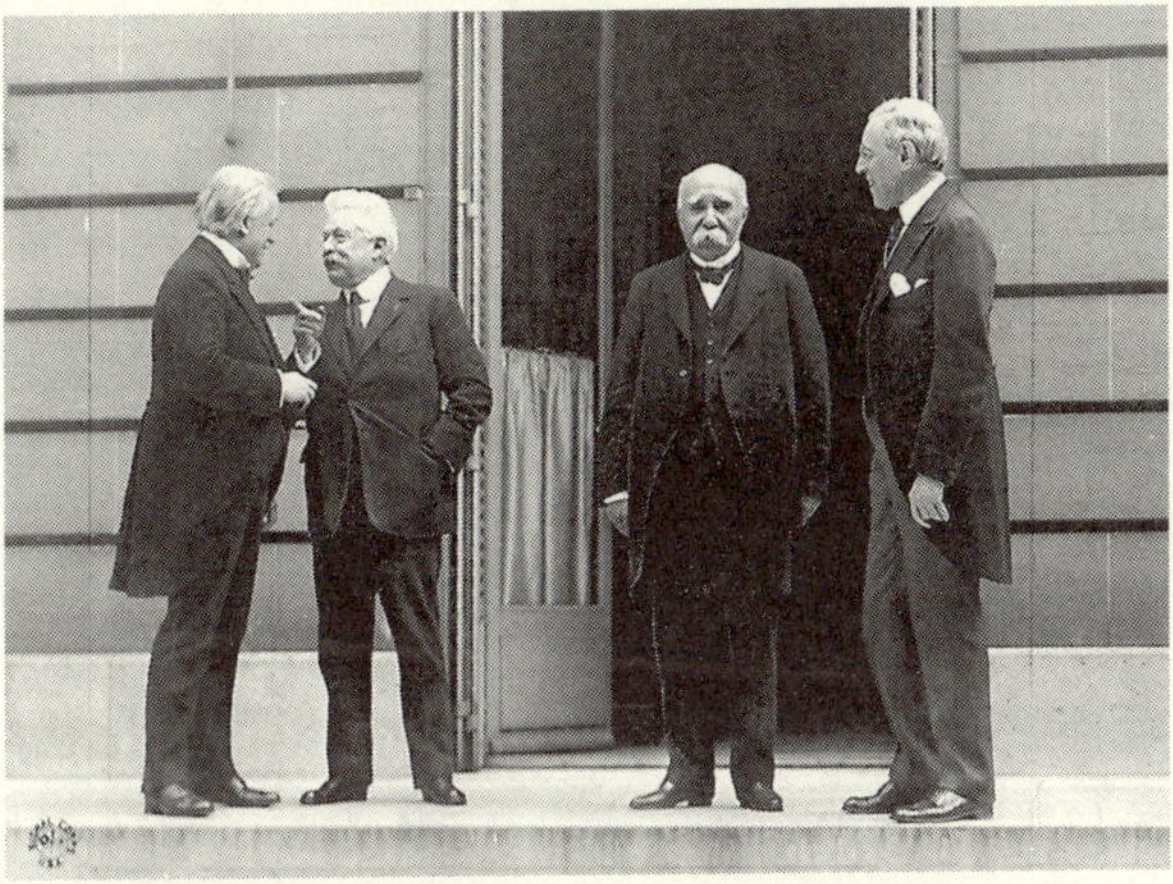

パリ講和会議に臨む四巨頭
左から、英ロイド＝ジョージ、伊オルランド、仏クレマンソー、米ウィルソン

議はアメリカのウィルソン大統領、イギリスのロイド＝ジョージ首相、フランスのクレマンソー首相の米・英・仏の三巨頭主導でおこなわれましたが、ニコルソンは現地から妻に送った手紙の中で「三人の無知で無責任な男たち」と、この三巨頭のことをこき下ろしています。特に彼が絶望したのは、「これら三人の無知で無責任な男たちが、ケーキを切るかのように小アジアを切り刻むのは恐ろしいことだ。しかも私以外は誰も、これまで小アジアに関する仕事などしたことがないのだから」ということでした。彼もまたケインズと同じく、パリ講和会議後に外務官僚をやめて、外交評論家に転身し

ます。

ちなみにパリ講和会議には、日本からも近衛文麿《このえふみまろ》や芦田均《あしだひとし》、重光葵《しげみつまもる》といった若き政治家や官僚たちが全権団に随行して参加していました。近衛や芦田よりはちょっと年上だけど、吉田茂もいましたよね。果たして彼らには、ケインズやニコルソンのような洞察力はあったのかどうか……。ちょっと難しかったとは思いますけど。

岡本　そうですね。そこはおそらく難しかったでしょうね。

それはともかく、なぜ講和会議のときにとりわけフランスのクレマンソーがドイツに対して苛烈な処置を講じることを主張したかというと、簡単にいえばドイツとはもう戦争をしたくなかったからです。そのためには、この機にドイツを徹底的に叩き潰しておく必要があると考えた。それだけドイツの力が大陸ヨーロッパにおいて強大だったということです。

しかしこの対談のテーマである帝国に即していうならば、ドイツは帝国として強大だったからこそ、本来は大戦後の処遇については慎重を期す必要がありました。ドイツ帝国は戦前まで軍事力のみならず経済力も強力で、中欧や東欧の周辺地域はドイツに依存する経済構造になっていました。ですからドイツの経済力を根こそぎ削いでしまえば、中欧や東欧の経済も成り立たなくなってしまうことが当初から懸念されていました。しかも大戦後の中欧や東欧には、ドイツ、オーストリア＝ハンガリー、ロシアの三帝国が解体したあと、ウィルソンが提唱した民族自決の思想に基づいて、新しい国家が林立していました。これらの国々は国民国家としてスタートを切っていくうえでの準備が十分にできていない中での独立となったため、ハンガリーで独裁政権が誕生するなど、政治も経済も社会も安定しませんでした。またユーゴスラヴィアやチェコスロヴァキアのように、とても民族自決によって生まれた国とはいえない多民族国家もありました。

そうした不安定さにつけ込んだのが、大ドイツ主義を掲げて、中欧や東欧への領土の拡大をもくろんだヒトラーです。ヒトラーは政権を握ったあと、ナチスドイツのことを第三帝国と称しますよね。第三帝国とは神聖ローマ帝国、ドイツ帝国に次いで、ドイツに生まれた第三の帝国という意味です。

クレマンソーはドイツに苛酷な制裁を課すことで、ドイツ帝国を跡形もなきものにしようと考えました。またウィルソンは民族自決の思想を中欧や東欧に適用することで、帝国の桎梏から諸民族を解放しようと考えました。しかし国際社会は、帝国を潰し、帝国の支配下にあった民族を解放さえすれば、国民国家が誕生して地域に平和や安定がもたらされるといった、単純なものではありません。彼らのそうした判断は完全に裏目に出て、第三帝国というかたちでの帝国の復活を招くことになってしまったわけです。

君塚　パリ講和会議のときに戦勝国がドイツに対して強硬な姿勢に出たのは、第一次世界大戦が総力戦になったことも大きかったと考えられます。肉親や友人を戦場で失った国民の怒りや悲しみが、復讐心となってドイツへと向かったのです。当時ヨーロッパの国々は、貴族政治から大衆民主政治へと移行していましたから、政治家もそうした国民の声を無視することができなくなっていました。ウィーン会議のころとは、そこが大きく違っていました。

とはいえ一九世紀半ば以降、ヨーロッパの大国へとのし上がっていったドイツを一気に小国に引きずり下ろしてしまったのは、賢明な選択とはいえませんでした。ドイツ国民の暮らしだけではなく、プライドもずたずたに引き裂いてしまったわけですからね。大戦後のドイツは政治も安定しませんでした。ナチスが政権をとったのは一九三三年のことですが、これは一九一九年にドイツ共和国がスタートして以降、なんと一六個目の政権でした。年に一回のペースで政権交代が繰り返されたわけです。また一九二三年には、ドイツの通貨であるマルクの価値が一兆分の一にまで下落するというとてつもないハイパーインフレも経験します。ドイツ国民が国を安定させ、国民としての誇りを取り戻してくれる強い指導者を求めたのは無理からぬことでした。そこからナチスのような存在が台頭してくるのは、けっして不思議なことではありませんでした。

ですから岡本先生がおっしゃるように、ドイツのような強大な帝国の処遇については本来は慎重に取り扱う必要がありました。それを怠ったことが第三帝国を生み出したといえます。

なぜヨーロッパはナチスドイツの暴走を止められなかったのか

岡本　ここまで見てきたようにヴェルサイユ体制は、ヨーロッパにおけるドイツの勢力拡大を抑えることが狙いでした。これを可能にするには、アメリカのヨーロッパへの関与が不可欠になっていました。第一次世界大戦があまりに長期にわたる消耗戦となったために、戦勝国となったイギリスもフランスも疲弊し尽くしていたからです。すでに超大国としての昔日の面影はなく、この二国だけでは大戦後のヨーロッパの国際秩序を維持するのは困難でした。

君塚　イギリスもフランスも大戦中は、アメリカから資金援助を受けることで、何とか戦争を継続することができていた状態でしたからね。そのため英仏はこの大戦を契機に債務国に転落し、逆にアメリカは債権国になります。完全に立場が逆転しました。

岡本　アメリカは一知半解といいますか、ヨーロッパのことを何もわかっていないものだから、民族自決などと言い出して、ヨーロッパ社会に混乱を招きます。それでもヨーロッパは、もはやアメリカに頼るしかなくなっていたということですよね。

君塚　ところがそのアメリカがパリ講和会議のあと、突如国際政治の舞台から手を引きますよね。アメリカの議会がヴェルサイユ条約に批准しないことを決議し、新たに発足する国際連盟にも加盟しないことにしたのです。今もそうですが、アメリカにはそういうところがあります。おせっかいなまでに国際政治に介入していくかと思えば、アメリカ・ファーストなどと言い出して、突然引きこもる。極端から極端へと走りがちな国です。

そもそも国際平和機構の設立を提唱したのはアメリカです。その言い出しっぺが態度を豹変《ひょうへん》させたわけですから、イギリスもフランスもすっかりハシゴを外されたかたちになりました。繰り返しますが、イギリスやフランスには国際社会を束ねられる力はすでにありません。アメリカ抜きのヴェルサイユ体制は脆弱なものとならざるを得ず、それが第三帝国のようなかたちの帝国の復活を招くことになりました。

岡本　一方でアメリカは東アジアに対しては、一九二〇年代以降積極的に介入していくことになります。日本の中国や太平洋への勢力拡大を抑制することが狙いでした。アメリカにとって中国や太平洋は、自国の利益に関わる重要な場所であり、日本の好き勝手にさせるわけにはいかなかったからです。そしてこの積極介入がアメリカと日本の対立を深刻なものとし、太平洋戦争へとつながっていきます。ヨーロッパへの政治的不干渉と、東アジアへの積極介入。アメリカのこの二つの異なる態度が、その後の国際情勢に大きな影響を与えることになります。

君塚　そこはまさにアメリカらしいところだと思います。アメリカは自国の利益に関わることについては、孤立主義に傾斜している時代でも関与し続けます。それはヨーロッパに対しても同じでした。確かに政治面では、ヴェルサイユ条約への批准を拒否したのちは不干渉政策を取りますが、経済面では積極的な関与を継続しました。なぜなら大戦中にイギリスやフランスに貸したお金を、彼らに返してもらわなくてはいけなかったからです。アメリカが講じた策は、まずは賠償金の支払いが行き詰まっていたドイツに資金援助をおこない、ドイツの経済復興を後押しすることでした。これにより経済が回復したドイツは、イギリスやフランスに賠償金を支払う余裕が生まれました。するとイギリスとフランスも賠償金を元手に経済復興に力を注ぐことができることになり、得られた利益の一部をアメリカへの戦時債務の返済に回せるようになりました。いわゆるヴェルサイユ賠償環と呼ばれる好循環が生まれたわけです。

こうして各国の懐が徐々に温まり始め、ようやく光が見え始めたころに、突如世界を暗転させる出来事が起きます。一九二九年のニューヨーク株式市場の株価大暴落に端を発した世界恐慌でした。これによりアメリカはドイツに資本を投下することが困難になったためにドイツ経済が困窮し、ドイツが苦境に陥ったことによりイギリスとフランスもそのあおりを受けました。それまでの好循環が、一気に悪循環へと逆回転を始めたのです。

岡本　国際社会が世界恐慌を乗り切れなかったのは、みな自国の利益の確保ばかりに意識が向いたことが大きかったですね。国際社会を束ねられるリーダーが不在であったがために、国家間の協調によって秩序を維持していこうとするインセンティブが低下していました。本当はリーダーにならなくてはいけなかったアメリカが、真っ先に輸入品に高関税をかけて保護主義貿易に走りましたし、だいぶ使い古された概念ですけれども、イギリスやフランスもブロック経済を形成しました。それぞれが自国のことしか考えなければ、世界は当然対立へと向かっていくことになります。

君塚　そうですね。米英仏がブロック経済を形成して、他国を市場から締め出したことにより、これもまた使い古された概念ですけれども、「持てる国」と「持たざる国」の問題が顕在化しました。イタリアやドイツのように自国の市場が小さな「持たざる国」は、軍事的手段を用いて経済圏の拡大を図ろうとするようになります。それこそ帝国主義的な手段に打って出ざるを得なくなったわけです。日本が満洲に目を向けたのも、経済圏の拡張が目的でした。そしてそのまま世界は第二次世界大戦に突入していくことになります。

そう考えると、やはり世界恐慌がひとつの大きな分岐点になりました。世界恐慌が起きなければ、あるいは起きたとしても国際協調によって適切に対処できていたならば、また異なる歴史が展開されていたはずです。

岡本　ヒトラーが政権を握ったのは一九三三年ですよね。再軍備宣言をおこなったのは三五年、ラインラント非武装地帯に進駐したのは三六年、オーストリアを併合し、さらにチェコスロヴァキアのズデーテン地方をも獲得したのは三八年でした。こうしたヒトラーの振る舞いに対して、イギリスのチェンバレン首相は宥和《ゆうわ》政策で臨みました。要はナチスの行動や要求を認めてしまったわけです。

君塚　チェンバレンが宥和政策を採用したのは、ひとつにはヴェルサイユ条約のときにドイツに対して苛酷な義務を課しすぎてしまったという反省といいますか、後ろめたさがあったのだと思います。

もうひとつは、チェンバレンがヒトラーの野望を見抜けなかったということです。飢えた野良犬には適当に肉でも与えておけば、やがて満腹になって吠えなくなるだろうと考えた。ところがヒトラーは、いくら肉を与えられてもまったく満足しなかったわけです。

そして三つ目はソ連の存在でした。一九三〇年代のヨーロッパにとって、ドイツやイタリアのようなファシズムももちろん脅威でしたが、ソ連の共産主義も警戒すべき存在でした。ヒトラー率いる第三帝国とソ連というイデオロギー帝国のどちらを選択すべきかとなったときに、イギリスもフランスも「ファシズムのほうが共産主義よりもまだましだ」という感覚がありました。だから毒をもって毒を制するというロジックで、ヒトラーの行動を黙認することにより、ナチスを共産主義の拡大の盾に利用しようとしたのです。イギリスやフランスは、それだけ共産主義が自国に浸透することを恐れていました。

歴史の後知恵でいえば、ナチスドイツがラインラントに進駐してきたとき、英仏が断固とした態度を取ることができていれば、その後のナチスの暴走は止められていたと考えられます。あの時点ではまだドイツの軍事力は、そこまで強力なものではありませんでした。でもチェコスロヴァキアのズデーテン併合まで来てしまうと、どうしようもないですよね。

岡本　宥和政策については、英仏の国民も支持をしていましたよね。

君塚　第一次世界大戦の記憶がまだ鮮明にある時代でしたからね。多くの人が、もう戦争はこりごりだと感じていた。ですから宥和政策によってチェコスロヴァキアは犠牲になったとしても、自分たちに直接火の粉が降りかかってくるのを避けられるのであれば、それがいちばんいいという考えが多数を占めていました。前にも話したようにヨーロッパ社会は、大衆民主政治時代へと移行していましたから、大衆の意向に配慮しないことには政権を維持することは困難でした。それは大衆の不満をすくい上げることで政権を獲得し、独裁政権を築くことに成功したヒトラーも同じでした。国民からの支持を得続けるためには、ずっと強い指導者を演じ続けなければいけませんでした。ナチスドイツは第三帝国を名乗っていましたが、そこは国民の声など考慮の対象としなくてもよかった国民国家成立以前の帝国の君主と、成立後の帝国の「君主」の違いといってよいでしょうね。

ちなみに一九三〇年代に入ると、国の中枢で働く人間にも変化が生じていました。英仏にしてもドイツにしても、現場の第一線で実務を担う三〇代から四〇代の人材が極端に不足していました。第一次世界大戦のときに、この世代の多くが戦死してしまっていたからです。そのため従来とは違って、エリート階級出身だけではない人材が多く登用されました。そういう意味でもヨーロッパ諸国はこの時期、大衆が政治や社会を担う時代へと完全に移行したといえます。

日本のポイント・オブ・ノー・リターンはどこだったか

岡本　第一次世界大戦後から第二次世界大戦開戦直前までのヨーロッパ情勢について検討するのはこの程度にしておいて、そろそろこの時期の東アジアについて見ていきたいと思います。

君塚　先ほども話に出たように、アメリカは第一次世界大戦後、国際連盟への加盟を拒否するなどして孤立主義へと回帰していきましたが、自国の権益に関わる国際問題についてはその後も積極的に関与し続けました。東アジアについては、むしろ以前よりも強い関心を持って臨むようになりました。

岡本　それはやはり日本の存在が大きいですよね。アメリカと日本は日露戦争以降、中国市場をめぐって競争関係にありましたが、第一次世界大戦を契機として、その競争関係、対立関係がさらにのっぴきならないものになっていきます。

サライェヴォでの一発の銃声をきっかけに、大陸ヨーロッパ全土で砲弾が飛び交う第一次世界大戦が勃発したのを見て、元老の井上馨《いのうえかおる》は「今回欧州の大禍乱は、日本国運の発展にたいする天佑である」という書簡を大隈重信《おおくましげのぶ》首相に送ります。この大戦によって西欧列強は当分は欧州戦線に釘付けになり、中国に関与している余力はなくなります。であるならばその寸隙をついて、今こそ日本が中国における利権を拡大する絶好の機会であるというわけです。日本は日英同盟にもとづいてドイツに宣戦布告。ドイツ艦隊が中国で拠点としていた青《チン》島《タオ》や、ドイツ領となっていた南洋諸島を占領したうえで、中国に対しては二十一カ条の要求をおこないます。日本の野心は誰の目にも明らかでしたから、アメリカが警戒心を強めるのは当然のことでした。

君塚　大戦中の一九一七年には、ウィルソン政権のもとで国務長官を務めていたランシングと、日本の石井《いしい》菊次郎《きくじろう》特使とのあいだで、中国市場に関する協議もおこなわれていますよね。アメリカは大戦中から日本の動きが気になってしかたなかった。

　そして第一次世界大戦が終わると、日米の対立はいよいよ顕在化していきます。パリ講和会議には、連合国の一員として日本とともに中国も参加しており、中国は会議の場で「日本による二十一カ条の要求は強引に結ばされたものである」として、二十一カ条の撤回を求めました。この要求は、日本があらかじめイギリスとフランスに同意をとりつけていたことにより却下されますが、アメリカは中国に対して同情的であり、日本を批判する側に回りました。これは会議に参加していた日本の外交官にとっては、相当ショックなことでした。

岡本　ウィルソンにとって日本は、中国市場をめぐるライバルであっただけでなく、ウィルソンが敵視していた帝国でもありましたからね。ヨーロッパの諸帝国は第一次世界大戦によってすべて解体させることができたのに、日本だけはしぶとく生き残っている。そして帝国日本が、共和国となった中華民国を侵食しようとしている。ウィルソンから見れば、それが忌々《いまいま》しかったというのもあったと思います。

君塚　そしてパリ講和会議ののち、今度は太平洋諸島と極東問題について審議することを目的としたワシントン会議がアメリカ主導で開催されます。

岡本　ワシントン会議は、明らかに中国や太平洋における日本の膨張を抑えることが目的でした。日本はヴェルサイユ条約によって、旧ドイツ領だった南洋諸島の委任統治権を得ることができましたから、太平洋での日本の振る舞いもアメリカにとって看過できないものになっていました。ワシントン会議では、海軍軍縮条約が結ばれ、日本の戦艦の保有比率はアメリカとイギリスの六割に制限されました。また英米が仲介する中で日中間で新たに結ばれた条約により、二十一カ条の要求によって日本が獲得した山東省の権益も、中国に返還されることになりました。

こうして極東と太平洋をめぐって構築された新しい国際秩序のことを、ワシントン体制といいます。繰り返しますが、ヴェルサイユ体制がドイツの膨張を抑えることを目的としたものだったのに対して、ワシントン体制は日本の膨張を抑えることを狙いとしていました。そしていずれの体制も、ドイツないしは日本がこれを否定したことによって破綻します。このうちワシントン体制については、日本の地政学的な立場や日本が死守したいと考えていた権益に対して、アメリカがもう少し配慮を行き届かせることができれば、また異なる国際秩序の構築の仕方があったはずです。当時の日本には帝国主義的な勢力拡張を図っていくことが、国家の生存や発展の条件になるという意識がまだ根強くありました。そうした中で、朝鮮半島やいわゆる満洲という、日本列島の安全保障にとって、地政学的に死活的に重要だった地域をめぐって、アメリカがあまりにも日本を頭ごなしに押さえつけようとしたことが、その後の日本の暴発を招いてしまったという側面があるかと思えます。これはのちにアメリカ自身が、朝鮮戦争で苦杯を嘗《な》めることになりますし、半島をめぐる現代の東アジア情勢の起源をもなしています。

君塚　ワシントン会議では、太平洋諸島の現状維持を確認した四カ国条約が日・米・英・仏によって結ばれた代わりに、日英同盟の破棄が決まりました。これも日本にとっては痛手でした。

岡本　フランスもそうでしたが、イギリスは本音では日本に対して同情的でした。アメリカとは違って、帝国日本を頭ごなしに否定するようなことはなかったし、中国市場についても自国の権益が守られるのであれば日本の振る舞いをとやかく言うつもりはありませんでした。ところがアメリカが日英同盟の破棄を強く要求するものだから、アメリカに配慮せざるを得なくなったんです。第一次世界大戦前と大戦後では、英米の力関係は完全に逆転していましたからね。

君塚　イギリスが日英同盟の破棄に至ったもうひとつの背景としては、日本が太平洋において勢力圏を拡大しつつあることに対して、イギリスの自治領だったオーストラリアやニュージーランドが警戒心を抱くようになったことが挙げられます。オーストラリアとニュージーランドは、イギリスの帝国としての力が弱体化しており、とても太平洋の情勢に関与してくれそうにないものだから、より頼りになるアメリカのほうになびき始めました。そのためイギリスは、オーストラリアとニュージーランドをつなぎ止めておくためにも、日本との関係を切る必要が生じたわけです。

岡本　とはいえ、イギリスが本当の意味で日本を敵視するようになったのは、もっと時代が下ってからですよね。一九三〇年代に入り、中国での日本の暴走が止まらなくなったあたりからです。

君塚　日本が太平洋戦争へと突入する過程の中で、どこがポイント・オブ・ノー・リターンだったか、つまり引き返すことが不可能なポイントだったかについては、歴史に関心がある人たちのあいだでよく話題になるテーマのひとつです。一般的には関東軍による「満洲国」の建国を挙げる人が多いでしょうが、私はもっと後だったと考えています。上海などの長江流域や香港を押さえていたイギリスから見ると、満洲はずっと北です。だから日本が満洲に傀儡《かいらい》国家を打ち立てようと、イギリスの利権には何ら関係なく、住み分けが可能でした。日本が北に留まってさえいてくれればですが。

蔣介石（1887〜1975）

岡本　むしろ満洲に日本がいてくれれば、ソ連の南下の防波堤になってくれるわけですから、ありがたかったとすらいえるでしょうね。国民政府の蔣介《しょうかい》石《せき》にしても、日本に満洲を取られるところまでは仕方がないと考えていました。もちろんそんなことを口にしたら政治的生命が絶たれてしまいますから、表向きには許さないという態度を取っていましたけれどもね。

君塚 しかし盧溝橋《ろこうきょう》事件のあと、日本軍が上海を攻撃したことで日中戦争が起きました。こうなるとダメですね。イギリスの守備範囲にまで攻め込んできたわけですから、イギリスも完全に日本の敵にならざるを得ません。もちろんアメリカは最初から日本を敵視していましたから、「満洲国」を建国した時点で国際的な孤立は避けられませんでした。ただしイギリスが中立の立場を保っているあいだは、外交交渉によって活路を見出す可能性がまだしも残されていました。しかし日本は、それすらも自らの手で潰してしまったわけです。

日本の外交は、ある時点までは非常にクレバーでした。日露戦争のときには、金子堅太郎《かねこけんたろう》がセオドア・ローズベルトとの親密な関係を利用して、アメリカの支援を巧みに引き出していきました。韓国併合のときも事前に列強諸国に根回しをおこない、合意を取りつけたうえで実行に移しました。帝国主義の時代にその一員として伸《の》していくためには、こうしたクレバーさが不可欠だったからです。ところが日清、日露で勝ち、第一次世界大戦でも戦勝国となって世界の大国の仲間入りを果たしたあたりから、日本は外交に対して傲慢、怠慢になっていきましたよね。列強諸国の思惑や、世界の潮流の変化を必死に読み取っていこうとする姿勢が消えました。ひと言でいえば学ばなくなりました。学ばなくなったから、連中の本音がわからず、時代の空気も読めなくなった。

先ほど、「第一次世界大戦のあとも、列強は帝国主義的な価値観を手放そうとはしなかった」と話しましたが、とはいえ世界の潮流は少しずつは変わってきているわけです。一九世紀末のようなアフリカ分割は許されなくなっていましたし、詭弁《きべん》ではありますが、列強が新しく獲得した領土は委任統治領と呼ばなくてはいけなくなった。日本はそうした世界の潮流をしっかりと踏まえたうえで、自身の振る舞いを考えなければいけなかったわけですが、それを放棄してしまいましたよね。

岡本　おっしゃるとおりで、日本は西洋から学ばなくなりました。一方で中国に対しては完全に見下すようになっていましたから、当然中国からも学ばなくなった。欧米のこともわからず、中国のこともわからなくなったまま、突っ走ってしまったというのがこの時期の日本でした。

君塚　これはまたヒストリカル・イフな問いになりますが、日本が満洲に求めていたのは経済的な権益だったわけですよね。そうであるならば、必ずしも「満洲国」を建国する必要はなかったのではないでしょうか。満洲に傀儡国家を置くのではなく、一種の非公式帝国のようなかたちで、この地域の権益だけを確保していくという選択肢はなかったのでしょうか。日本が国際連盟から脱退するきっかけとなったリットン調査団の報告書を見ても、「満洲国」については日本の傀儡国家であるとして否認されますが、日本の満洲における経済的な権益については一定程度認められていますよね。満洲の経済的権益を押さえるだけであれば、国際社会も大目にみてくれたのではないかと思わないでもありませんが……。

岡本 何ともいえませんが、ひょっとしたらうまくいったかもしれませんね。ただし朝鮮半島の安全保障の問題もありましたし、日本人のメンタリティーとして、満洲で経済活動をするにあたって、何か体制的な保証がされていないと不安で仕方がなかったということではないでしょうか。もちろんだからといって清朝最後の皇帝だった溥儀《ふぎ》を担ぎ出して「満洲国」の建国を宣言させ、五族協和による王道楽土《おうどうらくど》などというスローガンを打ち出したのは愚策でした。明らかに日本に対する国際社会のイメージを損ねてしまいましたからね。

軍閥時代は中国本来の自然な姿⁉

君塚 一方でこの時期の中国の状況について、岡本先生がどのように見ておられるかについてもお話を伺いたいと思います。中国では袁世凱が亡くなった一九一六年から、蔣介石が北伐を完了させる一九二八年まで、各地に拠点を築いていた軍閥同士が内戦を繰り広げる軍閥時代に突入しました。そんな中でも中国は第一次世界大戦では連合国側として参戦し、大戦後に開催されたパリ講和会議にも参加します。

岡本　ウィルソン的な見立てに従えば、第一次世界大戦の結果として悪の根源であった帝国が解体され、ヨーロッパでは帝国の桎梏から解き放たれた諸民族が自分たちの国を打ち立てた、ということになるわけですが、中国もこのウィルソン的な見立てに沿って、第一次世界大戦の結果を「公理が強権に勝った」と受け止めました。

であるならば自分たちも公理、すなわち道義的に正しい側にいるわけだから、大戦中に日本が中国に対して強要してきた二十一カ条の要求や山東の占領についても、これが無効であることを国際社会に訴えれば、きっと認めてくれるのでないだろうかと期待しました。ところがパリ講和会議では、中国の要求は却下されてしまいます。中国は事前の期待が高かったぶん、パリ講和会議とヴェルサイユ条約の結果に対する失望感も大きなものとなり、ヴェルサイユ条約の調印を拒否します。そして「戦勝国の連中はまったく当てにならなかった。所詮、彼らは帝国主義者だ。もっと自分たちのことを対等に認めてくれる国と手を結びたい」という思いを募らせていきました。

ただし、もちろん張作霖《ちょうさくりん》のような軍閥の親玉連中は、そんなことは考えていませんでしたよ。彼らは列強とつるむことで、いろいろとおいしい思いをしていましたから、中国が半植民地状態から脱せなかったとしても、さほど重要な問題ではありませんでした。状況を真剣に憂えていたのは、国民革命をもう一度やり直そうとまじめに考えていた孫文のような中国国民党の連中でした。

その中国国民党に対して、向こうのほうから接近してきたのがソ連でした。当時ソ連も日・米・英・仏から対ソ干渉戦争を仕掛けられており、四面楚歌《しめんそか》の状態から抜け出すために、提携できる相手を各地で探していました。そこから中国国民党とソ連共産党の親密な関係が始まり、第3章ですでに話した中国の民主集中制の導入へとつながっていくわけです。

中国国民党は、国内で結成されたばかりの中国共産党と連携し、軍閥の打倒を掲げて北伐を開始します。そして孫文の死後、国民党の新たなリーダーとなった蔣介石が一九二八年、奉天軍閥の張作霖を北京から追い出し、国民党による中国統一をいったん実現します。これにより軍閥時代は終わりを告げることになりました。

君塚　ただし蔣介石はこの中国統一の過程で、共産党の弾圧に転じることになりますよね。

岡本　一九二七年の上海クーデターですね。このクーデターによって蔣介石は共産党を排除したうえで、南京に国民政府を樹立します。

蔣介石は浙江《せっこう》省の出身であり、長江下流域を活動範囲としていた資本家グループの浙江財閥とも深いつながりがありました。資本家グループと共産党は、当然水と油の関係です。またアメリカやイギリスも共産主義を警戒していますから、共産党と組んでいる限りは米英の支援も望めません。そこで蔣介石は悩んだ結果、共産党を切ることを選んだのです。

蔣介石が反共を明確にしたことで、アメリカとイギリスは国民政府を承認。そして国民党はその後始まる日中戦争でも、米英の支援を受けながら日本と戦っていくという構図になります。

君塚　この時代の中国を語るうえで、ぜひ押さえておきたいのが軍閥時代についてです。この対談の中でも再三確認してきたように、一九世紀に西欧で国民国家が形成され、二〇世紀初頭には遅れて中国でも国民国家を志向する動きが起きます。そして一九一四年から始まった第一次世界大戦は、各国が国民を総動員しての総力戦となりました。そんな中で国内各地で地方軍閥が力を持ち、群雄割拠の状態になるというのは、世界の潮流に逆行する現象だといえます。岡本先生はこれをどのように見ておられますか。

岡本　それが本来の中国の姿である、と考えています。おそらく中国は五代十国のころから、その本来の姿を基本的には何も変えていません。

五代十国とは、一〇世紀の初めに唐が滅んだあと、華北では五つ以上の王朝が次々と交替し、南方では一〇国程度の小国が分立していた状態が約五〇年間ほど続いた時代のことをいいます。各地で国家を樹立したのは、唐の時代に軍の司令官としてそれぞれの地域に赴任していた節度使《せつどし》たちでした。彼らはその地で力を蓄え、強大な権力を握るまでに成長していったわけです。

中国がとてつもなく広大で、たくさんの人口を抱えていることを考えれば、むしろ五代十国のときのように権力が分立しているほうが自然です。各地域単位で経済基盤が確立されており、かつ地方の有力者が一定の軍事力を備えていれば、分立が可能になります。五代十国の時代には、特に南方の江南で経済開発が進んだことにより、分立が可能な条件が創出されていました。

実際には中国の歴史を見ると、分立と統一が繰り返されています。本来は分立のほうが自然なのですが、モンゴル帝国の大元《だいげん》ウルスのように強大な軍事力を持った帝国が現れ、帝国が分立している諸権力を内包しているときには、それがひとつにまとまっているように見える。しかし帝国が弱体化ないしは解体すれば、本来の自然な姿である分立に戻る、ということです。

君塚　軍閥時代も、中国で繰り返されてきた分立と統一のひとつにすぎない、ということですか。

岡本　そうです。中華民国の前は清朝でしたが、清代の特徴として、東三省、つまり満洲では大豆が生産され、江南では生糸や綿花が生産されるというように、明代からその傾向があった地域分業がいっそう進んだことが挙げられます。そして一九世紀末になると、東三省は大豆を日本に輸出し、長江流域の地域では多様な商品作物をヨーロッパに輸出するというように、各地域が海外と直接取引をするようになります。こうした経済構造が各地の自立性を促進するとともに、地方軍閥を育んでいきました。地方軍閥の役割は、一定の軍事力を備えることで地域の治安を維持するとともに、産業を振興することでした。ですから辛亥革命が起きて清朝という重しが取れたときに、各地の軍閥が前面に押し出されてきて軍閥時代を迎えたのは、本来の中国の姿に戻っただけであり、とりたてて不思議なことでも何でもありませんでした。

君塚　分立しているほうが自然であるのならば、強引に「ひとつの中国」にまとめあげようとするのではなく、分立状態を受け入れ、それこそ地方軍閥レベルの単位で複数の小国を形

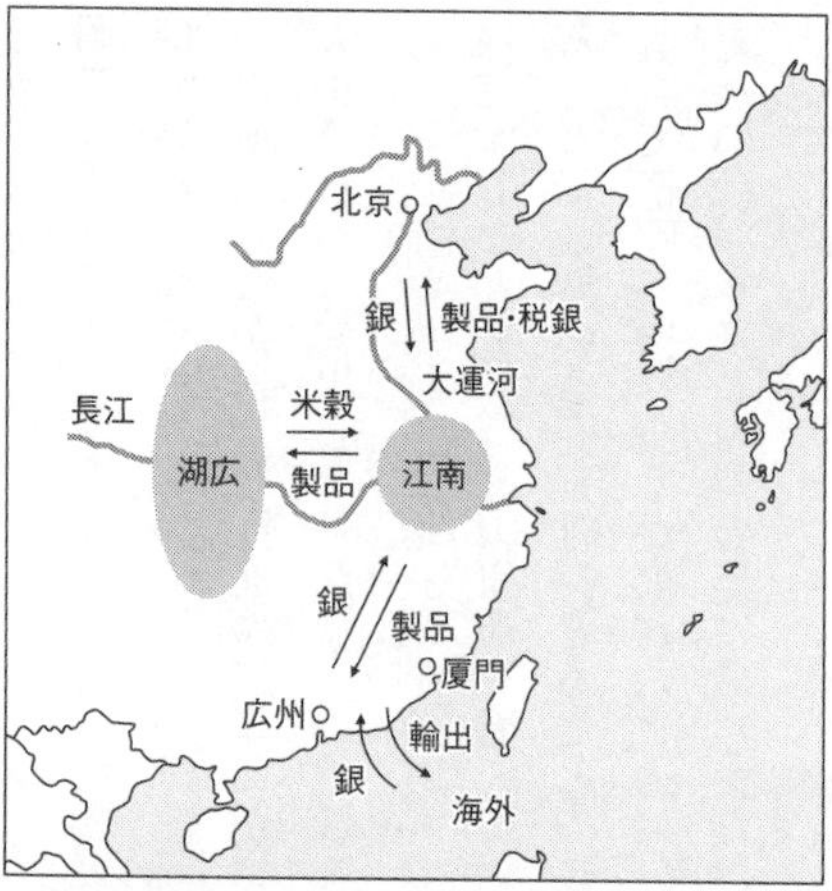

地方間分業図（明代）

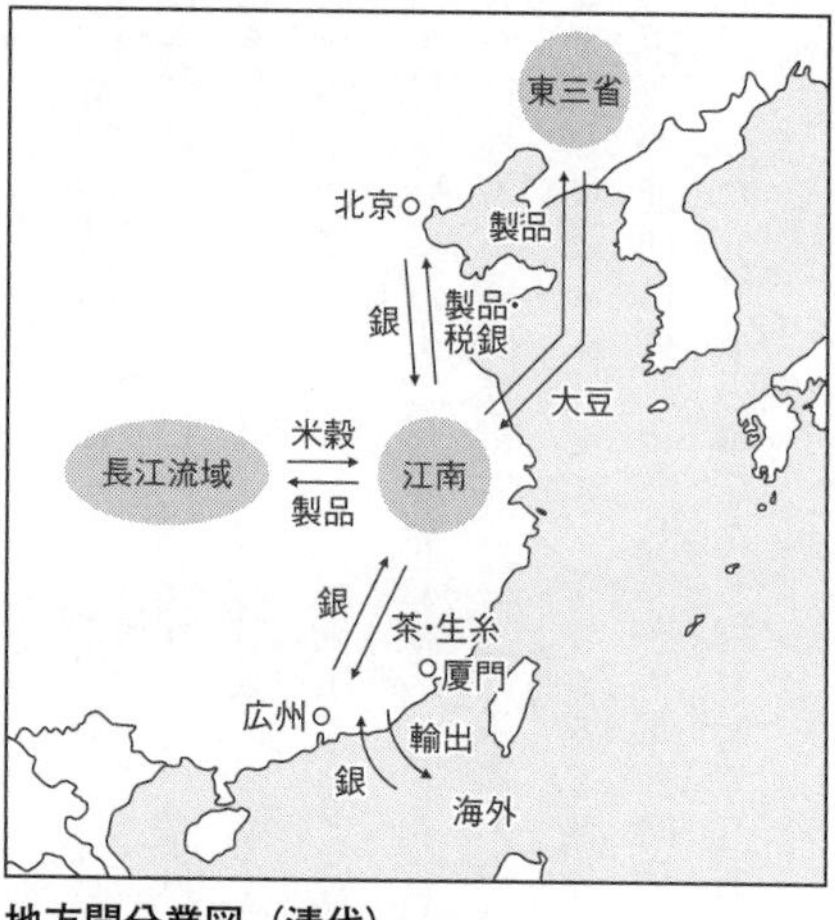

地方間分業図（清代）

出典：ともに岡本隆司『近代中国史』（ちくま新書）

成するという選択肢もあったように考えられます。とりわけ国民国家を志向していたのであれば、そうでないと難しいですよね。帝国であれば、各地域の個別性を内包したまま国家運営をおこなっていくことが可能です。しかし国民国家の場合は、国民としての一体感が求められますから、サイズ感から言っても、分立したほうが国民国家化を実現しやすいはずです。

岡本　はい、私もそう思います。私もそう思うのですが、どうやら彼らはそうは思わないようです。中華は世界の中心であり、大きくひとつにまとまっていなくてはいけないという古来より連綿と培われてきた世界観を、そう簡単には捨てられないということでしょう。また一度分立を容認してしまうと、さらなる分立を招くことになり、最終的には散砂のようにバラバラになってしまうことへの恐怖感もあると考えられます。

あるいは言語の問題も大きいかもしれません。中国語は話し言葉は地域ごとに異なりますが、書き言葉は漢字で統一されています。ヨーロッパのようにゲルマン語派、ロマンス諸語、スラヴ語派に分かれており、各語派の中でもさらに細かく言語が分かれている地域であれば、言語文化圏ごとに国家を成立させようとするインセンティブが働きます。でも中国は、そうではありませんからね。

君塚　アメリカのような連邦制を採用するというのも難しかったんですよね。

岡本　中華民国でも連省自治といいまして、連邦制を志向する動きはありましたが、導入は見送られました。連邦制ですら、それを認めてしまうと中国がバラバラになってしまうのではないかという強迫観念があったのです。実際に先ほども話したように、当時の中国では各地域がそれぞれ直接海外と貿易をおこなっていましたから、「いつバラバラになってもおかしくない」という彼らの恐怖感には現実味がありました。

中華民国は、自治という言葉に対してきわめて過敏でした。その一例が、モンゴルに対する中華民国の態度です。辛亥革命が起きた直後、それまで清朝の支配下にあったモンゴルが独立宣言をおこないました。中華民国はモンゴルの独立を認めず、依然として自国の領土であると考えていたのに対して、ロシアはモンゴルの独立を認めて露蒙協定を結んだために、一大外交問題に発展します、そのため中華民国、ロシア帝国、モンゴルの三者間による協議が幾度にもわたって開催されることになりました。

その交渉の場で、中華民国はモンゴルの独立を認めないことはもちろんのこと、自治を認めることに対してすら激しい拒否反応を示します。自治を認めれば、やがてモンゴルは中華民国から離脱して独立するに違いない。自治は独立のカムフラージュ以外の何物でもないと考えたのです。

もちろん中華民国も、中央集権制のもとに地方に対して限定的に自治権を与える「地方自治」であれば認めていました。しかしアメリカ合衆国のように、各州があたかも主権を持ったひとつの国のように州政府や州法、州裁判所を持ち、自治をおこなうという意味での自治は、中国という国のメンタリティーとして、とても受け入れることができないということなのでしょうね。

君塚　そのお話は、現在の中国が「ひとつの中国」に固執している理由は何に由来するのか、なぜあれほど香港の自治を押さえつけようとするのか、台湾の独立の動きを徹底的に封じ込めようとするのかといったことを考えるうえでも大きなヒントになりますね。

そろそろ議論のテーマをより現代に近い話題へと移すことにしましょうか。次章では第二次世界大戦や、アジアでいえば日中戦争や太平洋戦争後の冷戦期の世界や帝国のありようについて、検討していきたいと思います。

第5章

アメリカとソ連
——新しい二つの帝国の時代

——第二次世界大戦、植民地の独立、東西冷戦、赤狩り、ソ連のアフガニスタン軍事侵攻、大躍進運動、文化大革命、ＥＣ（欧州共同体）、ＥＵ（欧州連合）

第5章の主なできごと

1642　清教徒革命（～1649）

▼
▼

1939　第二次世界大戦（～1945）

1941　大西洋憲章の発表

1945　大日本帝国の崩壊

1949　中華人民共和国の成立

1954　アルジェリア戦争（～1962）

1956　ハンガリー動乱

1958　大躍進運動（～1961）

1966　文化大革命（～1977）

1967　欧州共同体（EC）の成立

1968　プラハの春

1971　アラブ首長国連邦の独立

1973　チリ、クーデターによりピノチェト政権の成立

1979　アフガニスタン紛争（～1989）

1980　イラン・イラク戦争（～1988）

1989　ベルリンの壁崩壊

1990　東西ドイツの統一

1993　欧州連合（EU）の成立

2003　イラク戦争（～2011）

2016　英のEU離脱

サハラ以南のアフリカ諸国が独立後に直面した困難

岡本　第二次世界大戦は一九四五年五月にドイツが、八月には日本が無条件降伏を受け入れたことによって終結しました。すでに第一次世界大戦の結果、ロシア帝国やオスマン帝国といった「皇帝のいる帝国」は軒並み消滅していましたが、最後まで残っていた大日本帝国の敗北により、「皇帝のいる帝国」は完全に息の根を止められることになります。アメリカの方針により天皇制は維持されたものの、日本は象徴天皇制に移行。その後の日本を帝国と捉える人はいないでしょう。

フランクリン・ローズベルト
(1882〜1945)

君塚　一方で植民地帝国を維持し続けていたイギリスやフランスも、フランクリン・ローズベルトの登場によって、植民地帝国としての存立基盤を否定されることになります。独ソ戦が勃発した直後の一九四一年八月、アメリカのローズベルト大統領とイギリスのチャーチル首相との会談が大西洋上でおこなわれます。大戦後の戦後処理と国際秩序の再構築をいかに図っていくかが会談の主要なテーマでした。

この会談の結果を受けて発表された大西洋憲章の中には、「すべての人民が政体を選択できる権利を尊重する。主権や自治を強奪された者に、それらが回復されることを希望する」という植民地主義の否定と民族自決を支持する項目が盛り込まれていました。もちろんこの項目は、アメリカ側の要求により入れられたものです。すでに民族自決については第一次世界大戦後にウィルソンによって提唱されていましたが、ローズベルトの要求はこれをヨーロッパだけでなく、アジアやアフリカにも適用しようというものでした。ローズベルトはウィルソンの弟子みたいな人物でして、ウィルソンが中途半端にしか成し遂げられなかったことを完遂させようとしたのです。

岡本　チャーチルとしては本心では受け入れがたかったでしょうね。しかしアメリカの顔を立てないわけにはいかなかった。

君塚　この時点では、アメリカはまだ第二次世界大戦に参戦していませんでしたからね。ドイツ軍によるイギリス本土上陸は阻止することができたものの、ソ連を除けば大陸ヨーロッパはほぼドイツの制圧下にあり、苦しい状況には変わりなかった。一定の譲歩をしてでも、アメリカの参戦を引き出す必要がありました。実際にアメリカが連合国側として参戦したのは、この大西洋憲章発表の四カ月後のことでした。

岡本　第二次世界大戦は、イギリスの大英帝国としての終焉を完全に決定づけることになりましたね。

君塚　すでにイギリスと、カナダ、オーストラリアやニュージーランドといったイギリス自治領との関係は、一九三一年に制定されたウェストミンスター憲章によって対等なものへと変わっていました。それを象徴するのが、二つの大戦へのイギリス自治領の関わり方の違いです。第一次世界大戦のときには、イギリスがドイツに宣戦布告したのと同時に、オーストラリアやニュージーランド、カナダも宣戦布告をしています。しかし第二次世界大戦では、これらの自治領は連合国側として参戦はするのですが、宣戦布告をした日はそれぞれ異なります。各自治領の議会で審議をおこなったうえで参戦を決める手続きが発生したためです。オーストラリアやニュージーランドは英連邦を構成する一員ではあっ

ウィンストン・チャーチル
(1874〜1965)

たけれども、すでに実質的には独立国であったわけです。

一方でインドは依然として植民地の扱いを受けていましたが、第一次世界大戦後に自治や独立を求める運動が高まったことで、イギリスのインド統治は次第に困難なものとなっていました。インド内では第二次世界大戦時には、イギリスへの戦争協力を拒否し、クイット・インディア、つまり「イギリスはインドから手を引け」と主張する反英運動が繰り広げられます。この運動を主導したガンディーやネルーは、かつて法学を学ぶためにイギリスの大学や法学院に留学し、イギリス流の自由と民主主義の価値観を身につけていた人物です。その価値観に照らし合わせても、イギリスがインドでおこなっていることは到底容認しがたいことでした。

第二次世界大戦中、チャーチルは「大西洋憲章の中に盛り込まれた民族自決は、インドに対しては適用しない」という方針を堅持しましたが、もはや時代の流れに抗うことは不可能でした。戦後、チャーチルから政権を奪った労働党のアトリー政権は、インドからの撤退と、インドへの権力の移譲を発表します。こうしてイギリスは、世界の陸地面積の約四分の一を有していた大英帝国の座を降り、ワンノブゼムの普通の国へと戻りました。

岡本　インドに限らず、戦後アジアやアフリカ各地では、植民地状態を脱して独立を遂げる国が次々と現れました。

君塚　そうですね。前章で第一次世界大戦後の国際社会について概観したときに、私は「世界は変わった部分もあったが、変わらない部分も多かった。列強はまだこの時点では、帝国主義的な価値観を捨て去ろうとしなかった」と述べました。そういう意味では第二次世界大戦後の世界は、明らかに変わったといえます。帝国主義も植民地も、もはや受け入れられないものになりました。

とはいえ世界は、すぐに変われたわけではありません。比較的スムーズに独立できた国があった一方で、独立するまでに大変な困難と年月を要した国もありました。

これには二つの理由があります。ひとつは宗主国が簡単には植民地を手放そうとしなかったこと。前にも話しましたが、特にフランスは東南アジアにおいてはインドシナ、北アフリカにおいてはアルジェリアの独立をなかなか認めようとはせず、そのためどちらの国も独立戦争は苛烈を極めました。その点イギリスは比較的あっさりと植民地を手放しはしたのですが、今のアラブ首長国連邦の一帯については戦後もずっと保護領にしていました。アラブ首長国連邦が独立するのは、イギリスが一九六八年にスエズ以東からのイギリス軍の撤退を表明したのを受けてのことで、実に一九七一年のことです。

もうひとつの理由は、特にアフリカのサハラ以南がそうでしたが、これまで植民地支配を受けてきた人々の側に独立の準備ができていなかったからです。これらの地域は列強によって経済力を根こそぎ収奪されていたために、ゼロから経済や産業の基盤を築き上げていかなくてはいけませんでした。また議会制民主主義を経験したことがなく、近代国家としての統治のあり方についても、やはりゼロから学び構築していく必要がありました。サハラ以南のアフリカ諸国が独立を遂げていくのは概ね一九五〇年代末から六〇年代初頭にかけてのことですが、それだけの準備期間が必要だったということです。

ただしその後、サハラ以南の国々で頻発している内戦や紛争等の混乱を見ると、それでもまだ準備は十分ではなかった、むしろ独立は早すぎたのではないかという気がします。

岡本 サハラ以南の国々は、いずれも国民国家の形成に苦しんでいます。今も民族間や部族間の対立が絶えません。これを招いた要因として、西欧列強には大きな責任があるといえます。

君塚 アフリカ諸国の国境線を見ると、線がまっすぐに引かれています。これは一九世紀末のアフリカ分割のときに、そこで暮らしている民族や部族のことなど関係なく、列強が自分たちの都合で国境線を定めたものです。この国境線を受け継いで独立したサハラ以南の諸国は、必然的に多民族国家として出発せざるを得ず、独立後すぐに民族問題や部族問題に直面することになりました。そして内政が安定しなかったために、多くの国で軍事政権が台頭し、軍部が強権的に国を統治する状態が長年にわたって続くことになりました。

またサハラ以南の地域の特徴として、部族を単位として社会が成立している部族社会であることが挙げられます。例えばイギリスは、一九世紀末に東アフリカのウガンダを植民地にしました。ウガンダは日本の三分の二程度の面積しかない小さな国なのですが、当時イギリスは植民地支配をするにあたって、約一〇〇〇人もの各部族の長と個別に条約を結ばなくてはいけませんでした。こうした部族が強い力を持っている地域において、人々をひとつにまとめあげて国民国家を形成するのは、そもそもが大変なことだといえます。

中立国・オーストリアがソ連を恐れた理由

岡本　話題を少し前に戻すと、第二次世界大戦の結果として大日本帝国は敗北し、イギリスやフランスのような植民地帝国も否定されました。これによって表向きは戦後世界から帝国が完全に消滅したことになります。しかし内実はどうだったのか、本当に世界から帝国はなくなったかといえば、それはアメリカとソ連を帝国とみなすかどうかによって変わってきます。

君塚　アメリカもソ連も皇帝を戴く国ではありませんし、植民地も持っていません。何よりレーニンは反帝国主義を掲げてロシア革命を成し遂げましたし、アメリカもウィルソンやローズベルトが帝国主義や植民地を否定しました。ただしアメリカとソ連が自己をどう定義していたかは別として、実際には東西冷戦構造の中で、両国は帝国として機能していたという事実は否めないと思います。

岡本　いちおう確認しておくと、第二次世界大戦前と大戦後の大きな違いとして、ヨーロッパ諸国が国際社会の主役から脇役へと退き、アメリカとソ連が二大大国としてイニシアティブを握るようになったことが挙げられます。そしてこの二大超大国は対立を深め、世界は東西冷戦時代へと突入していくことになります。

君塚　アメリカはすでに第一次世界大戦直後から実力的には世界一の大国でしたが、孤立主義を打ち出したことによって戦間期は国際社会から引きこもっていました。しかし第二次世界大戦が始まり、大西洋憲章を発表したころからようやく本気になります。ローズベルトは、戦後処理を話し合うために開かれたカイロ会談やテヘラン会談の場で、大戦後はアメリカ、

ヤルタ会談に臨む三大国の首脳
左から、英チャーチル、米ローズベルト、ソ連スターリン

イギリス、ソ連、中華民国の四国で国際秩序の維持にあたっていくという「四人の警察官構想」を打ち出します。これがのちの国際連合の創設へとつながっていきました。ローズベルトは「四人の警察官構想」によって、今後アメリカは国際社会にコミットしていくことを表明したわけです。彼の中には、「第二次世界大戦を招いてしまったのは、アメリカが国際社会への関与を怠ったからだ」という反省がありました。ウィルソンの愛弟子として、師匠が道半ばにして断念せざるを得なかった理想を受け継ぎ、貫徹しようとした側面もあったのでしょう。

一方のソ連は、独ソ戦を戦い抜いたことで連合国の中でのプレゼンスを飛躍的に高めていました。戦後の国際社会はアメリカとソ連の二大大国を軸に動いていくであろうことは、すでにヤルタ会談、もっといえばテヘラン会談のときには決定的になっていました。会談の主役は完全にローズベルトとスターリンで、チャーチルはその様子を横目で見ているしかありませんでしたからね。

チャーチルといえば、戦後の東西冷戦をいち早く予見した一九四六年三月の「鉄のカーテン」演説が有名です。あの演説の中でチャーチルは、「バルト海に面したシュテッティンから、アドリア海に面したトリエステまで、ヨーロッパ大陸に鉄のカーテンが降りている」と述べています。シュテッティンはポーランドの都市です。つまりこの時点ではまだ東ドイツは、東側陣営に組み込まれていなかったわけです。チャーチルも演説をしたときには、まさかドイツがその三年後に東西に分割されるとは想像もしていなかったでしょう。東西冷戦はチャーチルの予想を超えるスピード感で、緊迫の度合いを高めていきました。

岡本　東西冷戦期、ソ連は内政については民主集中制によって帝国的な統治をおこなう一方で、外交においても東欧の衛星国に対して帝国的に振る舞いました。ハンガリー動乱のときも「プラハの春」のときも、ソ連から離脱する動きのある国が現れたときには軍事介入をおこなってでも徹底的に押さえつけました。「プラハの春」のときには、「社会主義圏全体の利益は、一国の主権に優越する」という制限主権論を打ち出しました。

君塚　以前、国際政治学者の田所昌幸《たどころまさゆき》先生からこんな話を伺ったことがあります、冷戦期に先生がオーストリアのウィーンを訪ねたところ、ソ連が第二次世界大戦直後の占領期に戦勝を記念して街の中心部に建てた一〇メートル以上もの高さのソヴィエト戦勝記念碑が、壊されずに残されているのを目にしたそうです。当時すでにオーストリアは永世中立国であり、ソ連の衛星国でも何でもありませんでしたから、記念碑を残さなくてはいけないいわれはありません。不思議に思った先生は、ウィーンの人たちに「なんでこんなものを残しているんだ」と訊ねたそうです。すると彼らは半分冗談、半分本気の口調で「下手に壊したらソ連が攻めてくるかもしれないから」と答えたというんですね。

オーストリアの東側には、ソ連の衛星国だったハンガリーがあります。そしてハンガリーはハンガリー動乱のときにソ連軍が三万人以上もの兵士を動員して軍事介入をおこないました。この介入により、一説では二〇〇〇人以上の市民が亡くなりました。だからオーストリアは中立国とはいえ、隣り合わせている東側陣営が怖くて仕方がなかったわけです。まさにソ連に対して、帝国としての脅威を感じていたということですよね。ちなみに戦争記念碑はその後どうなったかというと、おそらく今も壊されずに残されていると思います。

岡本　話が脱線しますが、一九世紀にオーストリアの宰相を務めたメッテルニヒが「ウィーンの裏街からアジアが始まる」という言葉を残したとされていますよね。ウィーンのすぐ東側はハンガリーですから、裏街とはハンガリーのことです。つまりオーストリアの感覚としては、ハンガリーはアジアなんですね。実際に四世紀後半には、アジアの遊牧民だったフンがハンガリーを通って今のオーストリアに侵入してきました。一三世紀のモンゴル帝国もそうでした。モンゴル高原から東欧にかけては草原地帯が広がっていますから、長距離でも移動が比較的容易なんです。ですから地政学的にオーストリアは、国の東側に強大な帝国が存立していた場合、恐怖感を抱かざるを得ません。ソ連に対しても同じでした。

もう少し地政学的な話を続けますと、逆にソ連にとっても東欧の草原地帯は恐怖でした。ナポレオンやヒトラーのときがそうでしたが、西側の国々は草原地帯を通れば、容易にソ連の領域内に軍隊を送り込むことができますからね。だからソ連は、東欧の草原地帯を是が非でも自分のものにしておきたかった。帝国的な振る舞いをしてでも、東欧諸国のソ連からの離反を許さなかったのはそのためです。

この恐怖感は今の時代も変わりありません。プーチンがウクライナを強引に支配下に組み込もうとしているのも、ウクライナの大平原が西側の手に渡ってしまうのを恐れてのことです。

冷戦期の米ソ対立は、一九世紀の英露のグレートゲームの繰り返し⁉

君塚　一方のアメリカは、自由と民主主義を信奉する国ではありますが、ソ連と同様、戦後世界においては帝国として機能してきました。アメリカ自身は、真っ向から否定するでしょうけど。

岡本　『スター・ウォーズ』に象徴されるように、帝国を悪と捉えている国ですからね。それは否定するでしょう。

君塚　アメリカの帝国的な振る舞いの起源をたどれば、建国時にさかのぼることができます。東部一三州から始まったアメリカは、マニフェスト・デスティニー、日本語に訳せば「明白なる天命」というスローガンのもと、先住民を周辺へと追いやりながら西漸活動を続け、ついに太平洋岸にまで到達します。私はアメリカ教と呼んでいますが、あれはピューリタン的な価値観が及ぶ範囲を拡大させていくという活動でした。

そして孤立主義を脱した第二次世界大戦後のアメリカは、今度は彼らが信奉している「自由と民主主義」という価値観が及ぶ範囲を世界中に拡大させていくことに邁進します。自分たちが理想とする政治システムの拡大を志向し、その実現の邪魔になると判断した勢力に対しては、抑圧的に振る舞うこともためらわなかったという意味で、アメリカは帝国的でした。例えば一九七〇年代にチリで社会主義政権が誕生したとき、アメリカはCIAを使って軍部を支援し、クーデターを起こさせます。これにより成立したピノチェト軍事政権は、長期間にわたって独裁政治を続けました。非常に矛盾する行為ではあるのですが、アメリカはソ連的な社会主義、全体主義の拡大から世界を守るためであれば、「自由と民主主義」を軽視する軍事政権を支援することも厭わなかったわけです。

岡本　自分たちが理想としているものは正しい。理想から外れるものは悪であり、潰す必要がある。そして正しいものは自分たちが世界に広めなくてはいけないという思い込みは、マニフェスト・デスティニーのころからのアメリカの体質、DNAのようなものなのかもしれません。アメリカはアフガニスタン戦争やイラク戦争のときには、アフガニスタンやイラクの前近代的な統治システムを否定し、自分たちのやり方を押しつけようとしました。しかし民主主義や国民国家の土壌がない国でそんなことをやっても、うまくいくはずがありませんでした。

君塚　アメリカは二〇〇三年からのイラク戦争のときには、イラクのフセイン大統領を目の敵にしていましたが、皮肉なことにフセインを育てたのはアメリカ自身でした。一九八〇年からのイラン・イラク戦争のときに反米国家のイランを敗北に追い込むために、アメリカはフセイン政権に対して莫大な経済支援や軍事支援をおこないました。これによりイラクは強大な軍事国家にのし上がりました。ところがフセインがアメリカの言うことを聞かなくなり暴走したものだから、今度は反フセインに転じたわけです。

岡本　独裁政権を自分で育てておきながら、都合が悪くなったら今度は叩く。アメリカにはそういうところがあります。

サダム・フセイン（1937〜2006）

君塚　アメリカの歴史を見ると、彼らは自分たちの理想を実現するために極端な行動をとる傾向がありますよね。第一次世界大戦直後に制定された禁酒法などは、その典型です。また孤立主義と介入主義の両極に振れがちなのも、理想の実現をめぐっていつも極端に揺れ動いているということなのかもしれません。

アメリカはもともと、信仰の自由を求めてイギリスから移住してきたピューリタンがその基礎を打ち立てた国です。ピューリタンは、毎日を誠実・勤勉・禁欲的に過ごしていれば神様は自分を守ってくれる、自分たちは神様の導きによって動かされているという意識が非常に強いことを特徴としています。イギリスでいえば、クロムウェル

オリバー・クロムウェル
(1599〜1658)

などはまさにそうした意識の持ち主でした。

クロムウェルは一七世紀半ば、議会派と対立する王党派を内戦で倒し、さらには王まで捕らえて殺してしまいます。彼は国王軍に勝利したある戦いのあとに、戦勝報告の中で「この勝利は神のみわざにほかなりません。神の子のためには、国王とて懲らしめを受けるであろう」と述べています。自分たちは神の摂理によって動かされているのであり、神の摂理に従うためであれば、王殺しのような極端なこともできるというのが、クロムウェルの論理であり、ピューリタンの論理でした。クロムウェルは王を処刑したあとに、共和政を樹立します。共和政は結局は一一年しか続かなかったのですが、イギリスで国王が不在であった時期は、

その長い歴史の中で後にも先にもこのときだけでした。

アメリカは、宗教的にも民族的にも多様なバックグラウンドを持つ人々から構成されていますし、入植時にはメリーランドのようなカトリックを主体とする地域もありますが、最初はピューリタンの国として出発しました。ですからこれは仮説でしかありませんが、アメリカのDNAにはピューリタン的なメンタリティーが深く刻み込まれているのではないでしょうか。そのため自分たちの理想が揺るがされるような事態に直面したときには、そのピューリタン的なメンタリティーが発動されて、極端な行動に駆り立てられる。

それが第二次世界大戦後でいえば、アメリカ的な資本主義や自由と民主主義を否定するソ連型の共産主義、全体主義の台頭でした。アメリカが共産主義勢力の拡大を防ぐために各国の軍事政権を支援したり、一九五〇年代初めに「赤狩り」と呼ばれる国内からの共産主義者の一掃を図ったりしたのには、そうした背景があるのではないかと思います。赤狩りなんて、今から見れば異常ですよね。ハリウッドにまで追及の手が及び、チャップリンをはじめとした多くの映画人が国外に追い出されてしまったわけですからね。

岡本　赤狩りに関していうと、あの時期アメリカが異常なまでに国内に潜む共産主義者を警戒したのは、やむを得ない面もありました。それだけ共産主義思想の伝播力は絶大でしたからね。一九三〇年代あたりからヨーロッパを中心に、知識人たちが相次いで共産主義に傾倒していきました。確かにマルクスの思想は知識欲をそそりますし、ユートピアも語るので、彼らにとっては非常に魅力的に映ったのでしょう。しかしそれはアメリカ経済の中枢を担っていたエスタブリッシュメントからすれば、脅威でしかありません。「自分たちの国も共産主義者に乗っ取られてしまうのではないか」という恐怖感がリアリティを伴って感じ取れる時代でしたから、ヒステリックな反応を引き起こしてしまったのは理解できる部分がありま す。それにしてもアメリカの場合は極端でしたけどね。

君塚 ただし米ソの対立を「資本主義対共産主義」というイデオロギーの対立としてしか見ないというのも、それはそれで違う気がします。冷戦期の米ソが朝鮮半島やベトナム、アフガニスタン、中東をめぐってやっていたことは、一九世紀にイギリスとロシアが中央アジアを舞台に繰り広げていたグレートゲームと構図はほとんど同じですよね。

例えば一九七九年にソ連はアフガニスタンに軍事侵攻をおこないました。これに対してアメリカは、アフガニスタンがソ連の支配下に組み込まれるのを防ぐために、現地でソ連に抵抗していたイスラーム勢力への軍事支援を実施しました。アフガニスタンへの南下を企てるソ連と、その阻止を図るアメリカという構図でした。一方、さかのぼって一九世紀にも、やはりアフガニスタンへの南下をもくろむロシアと、その阻止を図ろうとしたイギリスが対峙。二度にわたるアフガン戦争が起きていました。ロシア、ソ連と相対するプレーヤーはイギリスからアメリカへと代わったけれども、一世紀の時を隔ててほぼ同じ光景がアフガニスタンで繰り返されたわけです。

ですから米ソの対立は、もちろんイデオロギー的な対立の側面はありましたが、昔ながらの地政学的な勢力争いでもありました。今はプーチンがクリミア半島を押さえることに躍起になっていますが、これも一九世紀のクリミア戦争や露土戦争の繰り返しです。そういう観点でいうならば、世界は一九世紀のころと今もあまり変わっていないといえます。

岡本　東西冷戦がイデオロギーの対立であったと同時に、地政学的な対立であったというのはそのとおりだと思います。冷戦期に東側陣営を代表していたソ連と中国はいずれもユーラシア大陸の大国であり、革命が起きる前はソ連はロシア帝国、中国は中華王朝という専制君主型の帝国でした。一方西側陣営を代表していたアメリカやイギリス、フランス、西ドイツ、日本といった国々は、地政学的にユーラシアを取り囲むような位置取りになっており、いずれの国々も国民国家が成立し、民主主義が発達しました。ですから東西冷戦は、資本主義対社会主義というイデオロギーの対立であったとともに、ユーラシア対非ユーラシアという地政学的な対立でもあったということです。そして今は、ソ連の崩壊によって資本主義対社会主義の対立ではなくなりましたが、代わりに民主主義国家対権威主義国家という概念が生まれ、「民主主義か権威主義か」という国家体制をめぐる対立であると同時に、ユーラシア対非ユーラシアという地政学的な対立でもあるという状態が続いています。

「ひとつの中国」の実現をめざした中華人民共和国の試行錯誤

君塚 今、中国の話が少しだけ出ましたし、岡本先生に日中戦争以降の中国について伺いたいと思います。日中戦争に敗れた日本が中国を去ったあと、中国では戦争中は協力しあっていた国民党と共産党との関係が破綻し、第二次国共内戦が始まります。その結果、勝利を収めたのは共産党でした。共産党は一九四九年に中華人民共和国を建国。敗れた国民党は台湾に逃れて、台北を中華民国の臨時首都に定めました。

中華人民共和国では建国からしばらくすると、共産党を主導していた毛沢東《もうたくとう》に権力が集中。一種の皇帝のような立場を確立します。そしてその権力のもとに、大躍進運動や文化大革命といった常軌を逸しているともいえる極端な政策や運動をおこなっていきました。岡本先生には、この中華人民共和国という国の特性をどのように捉えているか、中国の歴史の中での中華人民共和国の新しさは、どんなところにあるかについて伺えればと思います。

岡本　清朝などは典型的ですが、中国では官と民が乖離しており、歴代の中華王朝は民間レベルの経済やコミュニティをグリップすることができていませんでした。また民は民でそれぞれバラバラでした。もともと国としてひとつにまとまっていないことが、近代に入り、いざ中国が国民国家への転身を図ろうしたときに、それを困難なものにさせていました。ですから国民国家を形成するには、官と民の乖離、上下の隔絶を解消し、「ひとつの中国」を作っていく必要があると中国共産党は考えました。

毛沢東（1893～1976）

共産党は、計画経済を導入し、また農民から土地や家畜を取り上げたうえで、農業の集団化を図ります。これにより政府が人民を丸抱えしたうえで、政府が決定した経済政策のままに人民が動く体制を築くことで、政府と人民の乖離を解消しようとしたのです。そこが歴代王朝にはなかった中華人民共和国ならではの新しさといえます。ですから計画経済というのは、国を豊かにするため共産党が採用した経済体制であっただけでなく、「ひとつの中国」、つまりは散砂のようにバラバラになっている人民をまとめあげ、中華民族としての一体化を実現するためにも重要なものでした。むしろそちらのほうが主目的であったと私は捉えています。

毛沢東が一九五八年より始めた大躍進運動も、まさに「ひとつの中国」を作ることを目的とした運動でした。この運動は、一〇年間という短期間で高度経済成長を成し遂げ、当時世界二位の経済大国だったイギリスをしのぐ経済力を獲得することをめざしたものでした。人民がこの運動に一丸となって邁進することで、国民としての一体感が醸成されていくことを狙ったのです。しかし現実には、土地を取り上げられた農民の労働意欲は大きく減退。また無謀な農業生産目標を達成するために無理な作付などをおこなったため、農地は荒れ果て、逆に生産力は後退しました。ところがこの事実は、権力を自身に集中させ、裸の王様となっていた毛沢東にはしばらくのあいだ伏せられていました。毛沢東のもとには、経済成長を成し遂げているかのように数字を改ざんされた情報が届けられていました。

結局、大躍進運動は、二年半のあいだに数千万人もの餓死者を出すという無残な結果に終わります。経済政策としてだけでなく、国民としての一体感の醸成や、人々が上下に隔絶されている中国社会の二元構造を解消することにも失敗したといえます。

君塚　毛沢東は大躍進運動の失敗の責任をとり、国家主席を辞職します。その毛沢東が、再び権力を奪い返すために利用したのが文化大革命でした。この文化大革命も、大躍進運動と同じく極端な運動でしたね。

文化大革命時、紅衛兵に囲まれる毛沢東

岡本　大躍進運動で毛沢東が失脚したあと、実権を握ったのは劉少奇《りゅうしょうき》や鄧小平《とうしょうへい》でした。彼らは現実主義者で「大躍進運動のようなことをこのまま続けると、国が成り立たなくなってしまう」と考えました。そこで農民の生産意欲を回復するために、生産物の一部自由販売を認めるなど、限度を超えない範囲でこれまでの路線の部分修正を図ります。鄧小平の言葉に「黒猫でも白猫でも、鼠を捕るのが良い猫だ」というのがありますが、それでも猫は猫であって、猫を違う動物に取って替えようというような全面的な大転換ではありませんでした。ただし一部に資本主義的政策を入れたのは事実であり、経済の立て直しに成功する一方で、農民のあいだで貧富の差が現れました。

毛沢東は権力を奪い返すために、こうした政策を実行した劉少奇や鄧小平に対して走資派《そうしは》、つまりは「資本主義に走った者」というレッテルを貼り、攻撃を開始します。これに呼応したのが大学生や、もっと下の世代の若者たちです。彼らは紅衛兵《こうえいへい》を組織し、資本主義に染まっているとされる人物を見つけ出しては吊るし上げました。これにより劉少奇や鄧小平はもちろんのこと、共産党の幹部や社会の中枢を担っていた人たちが次々と摘発され、中国社会は麻痺状態に陥りました。

この文化大革命をどう見るかですが、もちろん毛沢東やその取り巻きの連中が仕掛けた権力闘争という側面はあります。ただし一方で、毛沢東が上層と下層とに分かれている中国社会において、下層に位置する人たちを動員することで上層を撃破し、社会の一体化を図ろうとした運動であると捉えることもできます。つまりはここでもテーマとなったのは、「ひとつの中国」を実現することでした。

君塚　では文化大革命によって、社会の一体化を図ることはできたのでしょうか。

岡本　そこは難しかった。確かに紅衛兵に加わっていた若者や子どもたちは、毛沢東の言うことをピュアに信じていたかもしれません。しかし一緒に吊るし上げに参加した大人たちや、若者や子どもたちを指導する立場にあった大人たちが、何でそんなことをやったかといえば、そのほうが得だからです。時の政権に目をかけられ、社会的地位を得られることが期待できますからね。毛沢東に心から共鳴し、社会正義に駆られて起こした行動ではありません。

国家と個人が著しく乖離しているが故に、ある種の個人主義が発達した中国では、自分たちが得であると感じたことに対しては極めて能動的です。一時期話題になった中国人観光客による爆買いも、二〇〇五年や一〇年、一二年に日系企業が襲われた反日運動も、同じ行動原理です。ただし中国の人たちのその能動的な行動が、常に政府にとって都合がよいものであるとは限りません。政府の思惑と人々の行動がたまたま一致して、政府にとって都合がよければ容認するし、都合が悪ければ政府は強権を発動してトップダウンで統制するということをこれまで繰り返してきましたし、今もそうしています。

文化大革命についても、当初は政権にとって都合がよいものであったから紅衛兵の行動を容認していました。しかし途中から始末に負えなくなるほど過激化してきたため、毛沢東は強権を発動して若者たちを農村に下放しました。文化大革命の運動は、それに向けて社会が一体化したように見えたが、結局のところは政権と民衆は乖離したということです。

君塚　文化大革命後の中国経済は、悲惨な状況に陥りました。この立て直しを委ねられたのが、文革による失脚からの返り咲きを果たした鄧小平でした。彼は改革開放政策を推し進め、これがその後の中国の飛躍的な経済発展の礎となります。この改革開放政策についてはどう評価されていますか。

岡本　改革開放政策は、政治については共産党による一党独裁と民主集中制を維持したうえで、経済については市場経済を導入して民間に委ねようというものです。政治は官、経済は民という分業制を採用することにしたわけです。中華人民共和国は建国以来、官と民の一体化を図ることをめざしてきましたが、どうしてもうまくいかなかった。そこで逆に二元的な社会構造を利用することにしたのが、改革開放政策だったわけです。

これにより中国経済は、確かに成長軌道に乗ることができました。しかし一方で「ひとつの中国」という目標の実現は遠のきました。経済成長を果たしたといっても、全体的な底上げが図れたわけではありません。豊かな人は豊かになる一方で、貧しい人は貧しいままに留め置かれ、都市部と農村、沿岸部と内陸部の経済格差も拡大しました。ですからむしろ上下の乖離は進んだといえます。

中国の歴史を見ると、格差が大きいときほど民衆による反乱が起き、王朝が転覆するということが繰り返されています。また共産党は、中国をひとつにまとめないことには、アメリカに伍する国力を持った国にすることは不可能であるという強迫観念を有しています。経済成長を遂げたからこそ、「ひとつの中国」を実現しなくてはいけないというプレッシャーはより強くなったのではないかと考えられます。

米ソに埋もれないための西欧諸国の生存戦略

君塚　ここまで主に冷戦期のソ連や東欧、アメリカ、中国などについて見てきましたが、最後に簡単に西ヨーロッパについても触れておきたいと思います。この時期に西ヨーロッパ域内で起きたひとつの大きな動きとして、一九五二年のＥＣＳＣ（欧州石炭鉄鋼共同体）や五八年のＥＥＣ（欧州経済共同体）の発足と、ＥＣＳＣやＥＥＣなどを統合した六七年のＥＣ（欧州共同体）の発足が挙げられます。このＥＣを受け継いで、冷戦後に発足したのが今のＥＵ（欧州連合）です。

西欧諸国がこうした経済協力機構を発足させたのは、二つの大戦を経て、各国とも国力が低下していたからです。とても自国だけでは、国際社会の中で存在感を発揮することが困難になった。そこで協力体制を築き、互いにそれぞれの得意分野を活かすことで生産性や経済力を高め、国際社会におけるプレゼンスを確保しようというのが狙いでした。ちなみにECSCは石炭と鉄鋼の共同管理、EECは加盟国内の資本・労働力の移動の自由化や関税の撤廃などを促進するという目的のもとに設置されました。戦後の世界が、非ヨーロッパ国家であるアメリカとソ連に政治や経済の主導権を握られてしまった中で、西欧が埋没してしまわないための知恵といえました。

ECSCとEECの加盟国は、フランス、西ドイツ、イタリア、ベルギー、オランダ、ルクセンブルクの六カ国でした。ECも発足当初はこの六カ国でスタートしたのですが、やがてECが効果的に機能しているという評価が高まったことにより、イギリスやアイルランド、デンマークなども加盟。ECは西ヨーロッパ地域全体の経済協力機構へと拡大していきました。

岡本　ECSCやEECが比較的うまくいった理由として、加盟していた六カ国の歴史的な同質性が挙げられます。フランスも西ドイツもイタリアも、いずれも歴史をさかのぼれば、もともとはフランク王国でした。もちろんフランク王国が分裂したあとの各国の歩みは異なりますし、文化や宗教についても変容はありましたが、フランク王国のときに宗教面ではローマ＝カトリック、文化面ではゲルマン文化を共有していたというのは、大きかったはずです。これらの国々がそれぞれ国民国家として自立しながらも、一方でＥＥＣやＥＣのような共同体を形成させることができるのは、歴史的・文化的な同質性を備えているからです。

逆に東アジア共同体構想のようなことを一部の政治家や学者が言い出していた時期がありましたが、東アジアの場合はそれは無理です。日本と中国、韓国とでは、あまりにも文化的バックグラウンドが異なります。

君塚　ＥＣや、その後できたＥＵがめざしたのは、あくまでも各国が国民国家を維持したうえで、共同市場の形成や共通の通貨の導入など、協力できる部分は協力していこうというものでした。ＥＵになってからは経済分野の協力にとどまらず、立法機関にあたる欧州議会やＥＵ理事会、行政機関にあたる欧州委員会を設置しましたが、だからといって各国の国民国家を溶解して、ひとつの大きなヨーロッパ連邦やヨーロッパ共和国のようなものを形成することを志向したものでありません。

もちろん一部には、そうしたことを遠い未来の夢として望む人もいるのは事実です。しかし二一世紀に入り、ＥＵの加盟国に東欧諸国を新たに加えたことによって、それは困難になりました。

岡本　西欧と東欧とでは歴史的、文化的なバックグラウンドが違いますからね。東アジア共同体構想もそうですが、文化圏が異なると統合や融合は難しくなります。

君塚　今ＥＵはヨーロッパ連邦の実現どころか、加盟国の足並みの乱れが顕著になり、曲がり角に差し掛かっています。やはりＥＵは拡大しすぎてしまったのかもしれません。実際に、一九八九から九一年に見られたベルリンの壁の崩壊、東西ドイツの統一、そしてソ連解体にともなう一連の事態の帰結として、今度は東西のヨーロッパが融合し、わずか六カ国でスタートした共同体は二八カ国にまで拡大しました。しかしこの急激な変化が、東欧から西欧各国へと大量の移民が流入する情況を招く一方で、ブリュッセル（ＥＵ本部）が主導する政策のあり方に反発する国も生み出しました。その最たる存在がイギリスでしょう。それが二〇一六年六月の国民投票により、イギリスがＥＵを離脱するという「ブレグジット」へと導いた要因にもなっているのです。ヨーロッパ連合にもまだまだ乗り越えていかなければならない問題は多いのかもしれませんね。

岡本　ＥＵですらそうなのですから、東アジア共同体などは「夢のまた夢」というところかもしれません。

終章
最後にもう一度帝国とは何かを考える

終章の主なできごと

1945　国際連合の成立
1949　中華人民共和国の成立
1964　ベトナム戦争（～1975）
1989　第二次天安門事件
1989　ベルリンの壁崩壊
1990　東西ドイツの統一
1991　ソヴィエト連邦の解体
1991　ユーゴスラヴィア内戦（～2001）
2000　プーチン、露大統領に就任
2022　ウクライナ侵攻

冷戦後、アメリカは本当に覇権を握ったのか？

君塚　帝国という概念を通して、近現代史を読み解くことをテーマとしてきたこの対談も、いよいよ現代に近づいてきました。終章では、冷戦終結から現在に至るまでの世界の様相を、やや駆け足にはなりますが、これまで同様に帝国の切り口から見ていきたいと思います。

第二次世界大戦終結直後から四〇年以上も続いた東西冷戦体制は、一九八九年からの数年間で一気に崩壊へと向かいました。一九八九年には一連の東欧革命が東欧諸国でドミノ倒し的に起き始め、一一月にはベルリンの壁が崩壊。翌月には米ソ首脳が冷戦の終結を宣言します。そして九〇年には東西ドイツが統一を果たし、九一年にはついにソ連が解体しました。このように東西冷戦は、いわば東側の一方的な敗北によって終わりを迎えることになりました。

岡本　これまでライバルだったソ連がいなくなったことで、冷戦が終わってからしばらくのあいだは「アメリカ一強」であるとか「パクス・アメリカーナ」といった言葉が多く聞かれるようになりました。当時はまだ中国の経済力や軍事力は微々たるものでしたから、アメリ

ベルリンの壁の崩壊
写真：AP / アフロ

カに対抗できるような国は差しあたり見当たりませんでした。

君塚　「覇権国家アメリカ」といった言い方もよくされました。しかし私は覇権という言葉は好きではありません。覇権国家というと、映画やマンガの世界だと「世界をあまねく支配している帝国」のようなものとして描かれますが、一九世紀に覇権国家とされた大英帝国も、冷戦後のアメリカもそんなものではありませんでした。

むしろ冷戦後の世界に起きたのはパクス・アメリカーナ、「アメリカによる平和」などではなく、地域紛争や内戦の増加でした。その要因は、米ソ二大帝国のうちのソ連が崩壊したことによって、権力の空白地帯が生まれたことでした。これまで米ソの二極構造の中で機能していた国際秩序を維持できなくなり、世界が不安定化したのです。理屈上は二極構造のうちの一極が崩れたのであれば、それによって生じた権力の空白地帯をアメリカが単独でカバーすることで国際秩序を維持していくことも可能ですが、アメリカにはそこまでの経済力や軍事力の余裕はありません。そのためソ連の影響力が及ばなくなり、なおかつアメリカも影響力が及ぼせない地域で、紛争が起きやすくなったのです。

その典型がユーゴスラヴィアです。ユーゴスラヴィア連邦はセルビア人、クロアティア人、スロヴェニア人、アルバニア人、マケドニア人、モンテネグロ人、ムスリムなどから構成される多民族国家で、言語や宗教も多様でした。また社会主義国ではありましたが、ソ連と対立していたため独自路線を採用していました。このソ連との緊張関係が、冷戦期には多民族国家だったユーゴという国をひとつに保つうえで有効に機能していました。そういう意味でユーゴも、ソ連の影響下にあったといえます。ところが冷戦が終わりソ連という外的圧力がなくなると、国内の統合力も低下。ユーゴを構成していた各民族のあいだで、民族自決と国民国家形成の欲求が噴出します。そこから約一〇年にわたる内戦が始まり、ユーゴスラヴィア連邦は解体されていきました。

これはソ連に限ったことではありません。ひとつの大きな帝国の崩壊が国際秩序を揺るがし、戦争や紛争を招き寄せるというのは、世界史ではよく見られることです。

岡本 東西冷戦期には、ベトナム戦争のような代理戦争が起き、ソ連が衛星国の主権をないがしろにし、アメリカは独裁軍事政権を支援するといったように、世界はけっして平和であったとはいえませんでした。ただしパワーバランスという観点からは、国際秩序は安定した状態にあったといえます。アメリカもソ連も一貫した行動原理のもとに動いていました。しかし冷戦終結後は、その安定感がなくなった。アメリカの行動もブレが目立つようになりました。

君塚 ブレていますよね。大統領がブッシュ・ジュニアだったときのアメリカは、国際社会からの同意をとりつけることを軽視したままイラク戦争にのめり込むなど、単独行動主義に走りました。これがオバマ大統領になって多国間協調主義に回帰したかと思いきや、トランプが大統領に就任するとアメリカ・ファーストを打ち出し、外交は自国の利益追求のための取引の材料と化しました。アメリカはもともと極端から極端へと振れやすいお国柄ではありますが、それが短期間で起きているのが冷戦終結後の特徴です。そのためヨーロッパなどは、大統領が替わるたびにころころと変わるアメリカの言動に振り回されています。

岡本　その点、中国は一九四九年の建国以来ブレていません。やっていることはしばしばブレましたが、「ひとつの中国」の実現を至上命令としてきたことについては、ずっとブレていない。もし中国が以前と比べて変質したように見えるとするならば、それは中国が変わったからではなく、アメリカや日本の側の中国に対する見方が変わったからでしかありません。

例えば二一世紀に入り、中国の経済成長スピードが急上昇を始めたころ、アメリカは中国のことを好意的な目で見ていました。経済の発展が民主化にもつながっていくだろうと考えたからです。日本人の中にも、そうした見解を述べていた知識人が多くいました。

しかし中国は、市場経済は導入しても民主主義を取り入れることはないであろうことは、アメリカも日本も、一九八九年の天安門事件の結果を見ればあらかじめわかっていたはずのことでした。中国共産党にとって、政府と異なる主義主張を持つ組織や人物は、「ひとつの中国」の実現を阻む存在であるわけですから、けっして認めるわけにはいきません。

ドナルド・トランプ（1946〜）

もちろん現実には中国は多民族国家です。漢民族にしても、国家よりも中間的なコミュニティのほうに帰属意識を抱いています。また香港や台湾のように、中央とは異なる政治制度や価値観を育んできた地域もあります。ですから中国は、どこもかしこも「ひとつの中国」に収まりきらないものばかりなのですが、バラバラであるからこそ政府は「ひとつの中国」にまとめあげるために強権的にならざるを得ず、民主主義を受け入れる余地はないのです。ちなみに中国は国民国家の形成を志向してはいますが、それは西欧や日本と違って国民主権を認めるようなものではありません。中国がめざしているのは、主権は共産党にあり、そのもとに国民がひとつにまとまっているかたちの国民国家です。

アメリカや日本は、こうした中国の国家としての特性を踏まえずに、自分たちの価値判断のモノサシで「経済が発展すれば民主化するのではないか」と勝手に期待し、勝手に失望し、今では中国への態度を硬化させているわけです。もちろん中国による新疆のウイグル族などに対する人権弾圧や、領土問題をめぐって生じている周辺国との軋轢などは、憂慮すべき事態であり、何らかの対応が必要であることは事実です。しかし中国という国への理解を怠ったまま欧米や日本の側の論理ばかりを振りかざし、やみくもに対決姿勢を強めてもうまくいくことはありません。

帝国の復活への欲望を露わにし始めた指導者たち

君塚　米ソ対決の結果として敗者となったのはソ連だったわけですが、その後継国であるロシアについても見ておきたいと思います。

冷戦後のロシアについては、第一次世界大戦後のドイツと似たような道をたどった面があったと思います。敗戦国となったドイツは、大国としての地位を剝奪され、ヨーロッパの弱小国に貶められました。莫大な賠償金を背負わされ、経済は混乱。人々の生活も困窮を極めます。こうした中で溜まりに溜まったドイツ国民の不満が、ヒトラーの台頭を招く要因となりました。

ロシアも同じようなところがあります。冷戦終結後、再出発を遂げたロシアを待ち受けていたのは、やはり経済の混乱でした。ＩＭＦから言われるがまま価格統制の廃止や民営化、規制緩和などの市場経済の導入を急速に進めすぎたことにより、ハイパーインフレや失業率の上昇などを引き起こしてしまったのです。経済の混乱は社会の荒廃を招き、治安も悪化していきました。ですからロシアの人たちにとって、一九九一年にロシア連邦になってからの一〇年間は、かつてのロシア帝国、ソヴィエト帝国としてのプライドを粉々にされた一〇年間だったといえます。そんな中で二〇〇〇年に大統領に就任したのがプーチンです。多くの人たちが、強いリーダーを演じるプーチンの登場を歓迎しました。

二〇〇〇年代に入ると、さらにロシアのプライドを刺激する出来事が起きます。かつては衛星国だった東欧諸国や、ソ連邦を構成する一員であったバルト三国が次々とEUやNATO（北大西洋条約機構）に加盟していったのです。プーチンが西側諸国への対決姿勢をより鮮明にしていったのはこのころからでした。ですから第一次世界大戦のところでも話しましたけれども、戦後処理は非常に大切です。勝者の側が、あまりにも敗者に配慮しないことをおこなってしまうと、必ず敗者の側から反動が起きます。

岡本　ロシアは多民族国家であり、国民国家を形成できているとはいえません。またソ連時代には東欧の衛星国に対して、実質的に帝国として振る舞っていました。そうした前近代型の帝国の残滓《ざんし》を色濃く残している国家にとって怖いのは、求心力を失ってしまうことです。何かのきっかけで求心力が失われると、まさに東欧革命のときのように、一気に帝国が解体に向かってしまうのではないかという不安感があるからです。これを押しとどめるためには、強権的にならざるを得ません。プーチンが国内ではチェチェンにおける独立の動きを強引に

印モディに勲章を授与した露プーチン
写真：AP／アフロ

抑え込んだのも、外交面ではウクライナが欧米寄りの国家体制になることをけっして受け入れようとしないのもそのためです。

君塚　ロシア帝国、清朝、あるいはオスマン帝国といった帝国は、二〇世紀初頭にいずれも滅亡したはずでした。ところが近年、これらの帝国を前身とする国々の指導者たちのあいだで、帝国の復活への欲望を隠そうともしない言動が目立ちます。プーチンはしばしば自身をピョートル大帝に重ね合わせたかのような発言をしていますし、エリツィン期に復活されたロマノフ王朝時代の国章や勲章を国威発揚や外交の一環として使いますよね。二〇二四年七月にもインドのモディ首相にピョートル大帝が創設し、一九九八年に復活したロシア最高位の聖アンドレーイ勲章を授与して、露印関係の強化を図りました。また、習近平は区切りとなる重要な演説のたびに「中華民族の偉大な復興という中国の夢」といった言葉を口にします。トルコのエルドアン大統領もオスマン帝国を肯定的に評価し、「新オスマン外交」と呼ばれるオスマン帝国時代の支配領域に積極的に関与する外交によって中東において独自の存在感を高めようとしています。こうした現象はどのように見ればいいのでしょう。

岡本　中国に関していえば、中国がめざしているのは、帝国主義の時代に列強によって奪われてしまった清朝の領土を回復することにあるといわれます。南シナ海の南沙諸島の領有権を主張するのも、「清朝のときには、あのあたりは自分たちの属国だった。だから本来は自分たちのものだ」という理屈です。そのうち沖縄についても、領有権を主張してくるようになるでしょう。

ただし中華民族の復興をめざしている今の中国が、清朝と決定的に異なるのは、中国共産党の論理とシステムで帝国を治めようとしていることです。清朝の場合は「因俗而治《いんぞくじち》」（俗に因《よ》りて治む）と言いまして、チベットにせよモンゴルにせよ、それぞれの地域の在地在来の習俗慣例をそのまま用いて統治をおこないました。ですから現地の人たちも比較的抵抗感なく、清朝の支配を受け入れることができました。ところが今の中国は、自分たちの論理とシステムを他者に対しても強引に押しつけてきます。これでは国内においても、周辺国との関係においても軋轢が生じるのは当然のことです。

君塚　先ほども話にあったように、冷戦後の世界にはアメリカ一極体制といわれる時代が到来しました。しかしアメリカだけでは国際秩序を維持することは困難でしたし、やがて当のアメリカ自身が迷走を始めました。一方で中国やロシアは帝国的な姿勢をより強めながら、アメリカに対抗しうる極になることをめざすようになっています。そうした中で、どのようにもう一度国際秩序を構築し直していくかが、大きな課題として浮上してきているといえます。本来は国連が国際秩序の維持安定を担うべき立場にあるわけですが、残念ながら十全に機能しているとは言い難いですよね。

国連は、英語では「United Nations」と言います。つまり第二次世界大戦時の連合国（United Nations）が、そのまま国連になったわけです。ですから国連の安全保障理事会の常任理事国であるアメリカ、ロシア、イギリス、フランス、中国は、いずれも第二次世界大戦の戦勝国である連合国側の国々です。戦後八〇年が経過し、国際情勢も当時とは大きく変わっているというのに、いまだに敗戦国であるドイツや日本、地域大国のブラジルなどは常任理事国に仲間入りすることはできません。また常任理事国の中でも対立が起きている。組織構造が硬直化しており、時代にそぐわないものになっています。

岡本　日本は国連のことを「国際連合」と呼んでいますが、中国ではっきりと「聯合国」と呼んでいます。君塚先生がおっしゃったとおり、国連は連合国をベースとした国際組織であり、連合国主導で国際秩序を維持していこうというものでした。国際社会の平和と安全を脅かす事態が発生したときには、連合国の五大国を常任理事国とした安保理で審議し、場合によっては経済制裁や軍事制裁などの強権を発動してでも、平和と安全を維持していくというのが、国連の立て付けでした。

ところが国連創設後に起きたのは、連合国を構成していた国同士の対立でした。また今起きているロシアによるウクライナ軍事侵攻のように、当の常任理事国自身が国際社会の平和と安全を脅かす行動をおこなったときには、安保理はまったく機能しなくなります。安保理を構成するメンバー間で利害が対立している問題について、一方の当事者がもう一方の当事者を断じ、制裁を加えるといったことは不可能です。ただし国連が機能不全に陥っているとはいえ、現状では国連を代替できる組織は見当たりません。既存の国連組織の改革を漸進的に進めながら、少しでも実効性のあるものにしていくしかないですよね。

歴史的視点を持たないと有効な解は見つけ出せない

君塚　そろそろこの対談も、まとめに入ることにしましょう。今、「これからの時代の国際秩序の再構築を、国連を軸にしながらどのように図っていくか」という話になりましたが、自国や地域の平和と安定をいかに実現し、維持していくかというのは、現代に限らず古代から人類がずっと課題としてきたことです。

岡本　そうですね。もともと人類は、一定規模の群れを作って生活をしてきました。群れの中で暮らす人たちは、共通の言語や慣習、文化的伝統、信仰などを有しています。ですから群れの中の秩序構築についてはさほど難しくないとして、問題は群れと群れ、つまりは異なるエスニック集団間の平和的な共存をどう図っていくかということでした。文化的バックグラウンドが異なれば、当然軋轢が生じやすくなり、紛争へと発展するリスクも高くなるからです。

そうした中で人類が発明したのが、ハウがいうところの「複数のエスニック集団や民族を内包している」という意味での帝国でした。その帝国も試行錯誤を重ねながら、次第に複数のエスニック集団や民族を平和裏に統治するためのノウハウをつかんでいきました。秦やアッシリア帝国の場合は、支配下においたエスニック集団や民族に対して圧政をおこなったために反発が高まり、短期間で滅んでしまいます。一方、その失敗から学んだ漢やアケメネス朝ペルシアは、寛容な政策によって多様な人々を統合するシステムづくりに成功し、長期にわたって繁栄を謳歌することができました。ずっと時代が下って清朝やオスマン帝国なども、そうしたタイプの帝国でした。

ところが一九世紀、帝国とはまったく異なるタイプの国家である国民国家が、ヨーロッパから登場します。帝国が複数のエスニック集団や民族を内包することを前提としていたのに対して、国民国家は領域内に暮らしている人々の言語や文化の均質化を図ることで、「同じ国民」を作ることに成功します。そしてヨーロッパ出自の国民国家は、経済的にも飛躍的な成長を遂げ、次第に旧来型の帝国を凌駕する存在へとなっていきました。ですから一九世紀は、新しく成立した国民国家と旧来型の帝国のせめぎ合いが始まった時期であったといえます。

君塚　私と岡本先生のこの対談も、まさにその時期のイギリスと清朝の邂逅《かいこう》について見ていくところからスタートしましたよね。そして対談では、一九世紀から始まった帝国と国民国家のせめぎ合いがどのように繰り広げられ、どう変容し、現在に至ったかを検証していきました。両者のせめぎ合いの構図はいささか複雑で、国民国家でありながら、国外に向けては帝国主義的であった国民国家型帝国が力を持っていた時代もありました。また冷戦期の米ソ二極体制の時代には、アメリカもソ連も、皇帝もいなければ植民地も持っていなかったにもかかわらず、実質的には帝国として機能していました。

現在は、皇帝を戴く帝国は消滅しており、帝国主義も明確に否定されています。しかし中国やロシアのように国民国家を形成できず、帝国的にならざるを得ない国も依然として存在しています。つまり国民国家と帝国的なもののせめぎ合いは、今も続いているといえます。

岡本　帝国的な国家は、近年は権威主義国家と呼ばれるようになっています。問題は国民国家と権威主義国家の対立が、国際社会の秩序維持の不安定要因になっていることです。欧米や日本などの国民国家は、国民国家の論理で権威主義国家を批判し、権威主義国家は権威主義国家の論理で、国民国家に対抗しようとする。そこには対話が成立する余地がありません。

君塚　私たちは帝国は悪であり、帝国と比べれば国民国家は国のあり方として正しいと捉えがちですよね。しかし本当に国民国家が、すべての国がめざすべき健全な国家の姿であるかといえば、そこは再考が必要です。戦後のアフリカ諸国では、民族自決や国民国家の概念が移入されてしまったが故に、これまでであれば共存できていたはずの民族間で対立が深まり、内戦や紛争に発展するケースがしばしば見られました。冷戦後のユーゴスラヴィアもそうでした。民族自決や国民国家形成への欲求が、内戦や「民族浄化」をかかげる紛争を引き起こしてしまったのです。

一方で帝国的な国がそうならざるを得ないのは、その国が置かれている地理的、社会的環境に起因している要素が大きくあります。西欧や日本のような国民国家化に適した好条件を、ほかの地域も備えているわけではありません。ですから帝国的であるからといって、それを一方的に悪であるとして切り捨ててしまうのは、かなり乱暴です。

加えていうならば、例えば今の中国が帝国的で少数民族を押さえつけるような圧政をおこなっているからといって、近代以前の帝国も同様であったと決めつけるのは避けるべきです。かつての帝国には、多様な民族に対して寛容な統治をおこなっていた国も多く存在していました。そもそも近代以前の帝国には、領域内で暮らしていた多様な民族を細かく管理できるだけのマンパワーはありませんでした。現在の帝国のイメージで、過去の帝国も捉えてしまうと、実像を見誤ってしまうことになります。

岡本　もちろん「今の中国やロシアには、帝国的に振る舞わなくてはいけない事情がある」

からといって、習近平やプーチンがやろうとしていることを肯定する必要はありません。彼らがやろうとしていることには、やはり問題があります。ただし批判するのであれば、相手の論理や状況、歴史的背景をわかったうえで批判をすることが大切になります。欧米や日本の立場からしか今起きていることを見ようとしなければ、それは偏った視点になってしまいます。

君塚　そのためには帝国という視点から歴史を学び直してみる、考え直してみるというのは、とても意味のあることだといえますね。岡本先生もおっしゃっていたように、人類は多様なエスニック集団や民族をどのように統治すれば平和と安定を実現できるかという問題に直面し、試行錯誤を繰り返してきました。その中で生み出されたのが帝国であり、国民国家でした。歴史を学ぶことは、人類のその試行錯誤の歩みを知るとともに、「今、なぜ世界はこうなっているのか」を俯瞰的な視点で把握することにつながります。

岡本　そうですね。歴史的視点を持つことは大切です。その視点がないと、今起きている問題に対して有効な解を見つけ出すことはできないと思います。

あとがきに代えて——対談を振り返る対談

対談は研究者のリミッターを外す!?

岡本 君塚先生、今回はありがとうございました。私は以前に対談形式の書籍を出版したことがありましたが、先生は初めてのことだそうですね。

君塚 そうなんです。もちろん雑誌での対談は過去に何度もありましたが、こうして一冊の本にまとめるのは、これまで経験してこなかったことでした。ですから岡本先生に胸を借りる思いでやらせていただきました。実際にやってみますと、お相手が岡本先生だったこともあり、とても話しやすく楽しかったですね。

岡本 メールのやりとりをしている「メル友」ですからね（笑）。気心が知れています。

対談は、文字どおり対話の積み重ねによって成立するものですから、お相手がどんな考え方や知識の持ち主であるかが非常に重要になります。「ここまで踏み込んだ発言をしたらケンカになるかもな」「これを話しても、理解してくれないかもしれない」といったことを考えながら臨んでいるものです。その点、今回はそうしたストレスはまったくなく、そのぶん放言も多かった気がします（笑）。本では比較的きれいにまとまった形になっていますが……。

君塚　対談の場合、一人で文章を書くときとは、また違った自分が引き出されていく面がありますね。やはり研究者として著作や論文を書く際には、一定の厳密さが求められますから、どうしても身構えてしまいます。けれども先生との今回の対談では、その緊張から解放されたと言いますか、先生の発言に触発されて、つい私もいろいろと放言をしてしまいました（笑）。ただしその放言が大事でして、その内容を後で読み返し、振り返ることで、気づきを得られた部分が多くありました。

岡本　研究者が対談に臨む意義はそこにあるように思います。自身の中に設けていたリミットをひとつ越える経験ができます。また今回の対談は、今後自分が取り組んでみたいことについて、思いを巡らせるよい機会にもなりました。君塚先生に話しているうちに勢いがつきまして、これからしっかりと考え、書くことになるかもしれないネタもいくつか見つかりました。

君塚　それは具体的には何でしょうか?

岡本　たとえばイギリスと清とのアヘン貿易について言及した部分で、「イギリスばかりが悪者にされてきたが、貿易が成り立ったのは中国にアヘンを購入する人間がいたからだ。当時清朝が抱えていた社会構造の問題にも目を向けなくてはいけない」といった発言をしましたよね。

これまで中国史の研究の世界では、「アヘン貿易では中国にも問題があった」と口にするのは憚《はばか》られる雰囲気がありました。かなりセンシティブなテーマですからね。しかしアヘン貿易やアヘン戦争での清朝の振る舞いは、中華王朝という帝国の構造や性質を如実に示した一例といえます。中国を理解するうえで欠かせない題材です。もちろん学術的な論文にする際には、より精緻《せいち》な検証が不可欠になりますが、挑んでみたいという気持ちになりました。

今、「帝国」が注目を集めている理由

君塚　対談のテーマを「帝国」に設定したことは、正解だったと思います。今回の書籍はけ

って大著ではありませんし、時代も近現代史に絞りました。しかし帝国を語るとなると、政治、経済、社会、文化などさまざまな分野に目配せをする必要が出てきます。一九世紀以降、アジアやヨーロッパの人々の国家観なり国際秩序に対する意識が、どのように変容してきたのかを多角的に検証するうえで、「帝国」は最適な切り口だったのではないでしょうか。

また個人的な話をしますと、実はこれまで正面切って帝国を論じたことはありませんでした。『物語 イギリスの歴史』（中公新書）での記述は国内が中心でしたし、『ヴィクトリア女王』や『エリザベス女王』（ともに中公新書）、『イギリスの歴史』（河出書房新社）では、帝国としてのイギリスの側面に触れてはいますが、限定的なものでした。そういう意味で岡本先生が対談相手になってくださったおかげで、中国と比較しながら大英帝国について話す機会を得たことは、イギリスという国のありようや変遷を捉え直すうえで非常に有意義な経験となりました。

岡本 帝国は、時宜を得たテーマでもありましたよね。多くの人が現代の中国やロシアのことを、「帝国的である」とか「権威主義的である」と捉えるようになっています。雑誌などでも「帝国」を特集したものが、ここぞとばかりに組まれていますよね。

ただし中国やロシアがなぜ帝国的であるかを分析するためには、現代を対象としているだけでは限界があります。これらの国の成り立ちについて歴史をさかのぼって検証したときに、今もなお帝国的であらざるを得ない彼らの内的論理が初めて見えてきます。手前味噌ながら本書は、中国やロシアがどうしてああいう国なのか、なぜ民主主義国家になれないのかについて知るうえで、読者のみなさんに対して一定の視座を提供できていると思います。

君塚　帝国については、メディアで多く取り上げられるようになっただけでなく、アカデミズムの世界でも研究が進んでいます。背景として大きいのは、公的な史料が次々と出てきていることです。私が専門としているイギリスでは三〇年ルールというのがありまして、内閣の議事録、外交文書、政策立案などの政府の公文書は、作成から三〇年後に一般公開されることが原則となっています。ご存じのようにイギリスは第二次世界大戦後、かつての大英帝国が完全に解体されていき普通の立憲君主国になったわけですが、その過程を細かく研究することが可能になりました。新たな史料が発見されたことで、現代のイギリス社会と大英帝国の時代のイギリス社会の比較検討もしやすくなりました。岡本先生が研究対象とされている中国史の場合は、少し状況が違うでしょうが……。

岡本　そうですね。何しろ中国は現役の「帝国」ですから、政府が自らの透明性を高めるために公文書を次々と公開するといったことは、まず考えられません。一方でもし中国政府が本気で史料を公にし始めたら、とても個人の研究者の手に負えないような膨大な量になるでしょうから、かなり大変な事態になることが想像されます。

それはさておき、中国近現代史研究の世界でも、「帝国」をめぐる風向きは、以前とはずいぶん変わってきたと感じています。私が中国史の世界に足を踏み入れたときには、近現代史というと、「革命」や「共和国」の研究が主流でした。私はあまのじゃくなところがあって、それらに背を向けて明朝や清朝といった王朝、帝国の構造を研究対象にしてきたわけですが、今はむしろそちらのほうが脚光を浴びていますし、中国の本質を捉えるには「帝国」や「王朝」を軸に見たほうが有効であると考えられるようになっています。時代は変わったものです。

読んでいて引っかかった部分が本書の読みどころ

君塚　編集部からは、読者の方々に対するメッセージを何か話してほしいというリクエストをいただいております。

岡本　会話文による対談形式の本ですので、一般的な歴史書と比べて読みやすいと思います。

それでいて中身の水準は低くないと自負しています。これはもう原稿としてまとめていただいたライターの長谷川敦さんと、諸事お取り計らいくださったかみゆ歴史編集部の滝沢弘康さんのおかげですね。ですから今もし書店で本書を手にとったものの購入しようかどうか迷っておられて、この「あとがき」から試し読みされている方がいらっしゃるなら、「けっして期待を裏切るような内容ではありませんから、ぜひお読みいただければ」とお願いしたいです（笑）。

君塚　同感です。私も長谷川さんと滝沢さんには篤くお礼を申し上げたいですね。この対談では私も岡本先生も、必ずしも世界史に精通しているわけではない読者の方も念頭において、近現代史の流れをできるだけわかりやすく話すことを心がけました。そのため比較的さらりと読めてしまうのではないかと思います。だからこそ一度読んで終わりではなくて、二度、三度と読み直していただけるとありがたいです。すると「この箇所は、二人は何が言いたいのだろう。どういう意味なんだろう？」という引っかかりが必ず出てくるはずです。その引っかかる部分が、実は本書のいちばんの読みどころといえます。

岡本　そうですね。読み飛ばせるのだけれども、引っかかった部分を立ち止まって読んでみると、帝国や近現代史に対する新たな発見が得られるような、そういう仕立てになっています。そこはそもそも企画していただいた中央公論新社の小野一雄さん、対談をしきってくださった上林達也さん、校正の最後まで面倒みてくださった田頭晃さんのおかげです。ほんとうにお世話になって、お礼を申しあげたいです。

君塚　おっしゃるとおりで、これほど編集のみなさんにお世話になることも、そんなにないかもしれません。

そういえば今回の対談では、編集部からは当初は「帝国」以外のテーマ案もいくつか挙がっていました。「人物で読み解く世界史」といった案もありました。もしそちらが採用されていたら、またまったく異なる対談になっていたでしょうね。

岡本　君塚先生もおっしゃったように「帝国」を採用したのは正解でしたが、「人物」もなかなか魅力的なテーマでした。中国もイギリスも数多くの優れた列伝や評伝を残している国ですから、そうした作品内の記述を引用しながら、それぞれの人物を語っていくというのもできるかと思います。

君塚　中国とイギリスで同時代を生きた人物をそれぞれ一人ずつ立てて、六章か七章構成で比較してみるのもおもしろそうですね。たとえばスケール感はまったく違いますが、モンゴル帝国を打ち立てたチンギス＝カンと、諸侯の圧力に屈してマグナ＝カルタを認めさせられたジョン王はほぼ同時代人です。

岡本　人物とともに、彼らが生きた時代の社会背景についてまで考察していくと、奥行きのある対談になりそうですね。西洋と東洋はまったく異なる歴史を歩んできたかのように見えて、実はパラレルな部分が多くあります。西欧が今につながる独自の文化的アイデンティティを形成し始めたのは五世紀末に成立したフランク王国からですが、ほぼ同時代に中国では、その後の中国の社会構造や政治構造をある意味で決定づける唐宋変革が起きました。

そうした東西の同時代性と相違点が、人物を通じて見えてくるような対談にできたとしたら、読者のみなさんの知的好奇心を揺さぶる内容になると思います。

君塚　それは非常に興味深いテーマ設定ですね。なんだかまた岡本先生と改めて対談したくなってきました（笑）。どこかでぜひやりたいですね。

岡本　はい。機会をいただけるのであれば。

構成　長谷川 敦
編集協力　滝沢弘康（かみゆ歴史編集部）
図版作成　椚田祥仁
ＤＴＰ　市川真樹子

岡本隆司　Okamoto Takashi

早稲田大学教授。1965年京都府生まれ。京都大学大学院文学研究科東洋史学博士後期課程満期退学。博士（文学）。専門は東洋史、近代アジア史。著書に、『属国と自主のあいだ』（名古屋大学出版会、サントリー学芸賞受賞）、『中国の論理』（中公新書）ほか。

君塚直隆　Kimizuka Naotaka

関東学院大学教授。1967年東京都生まれ。上智大学大学院文学研究科史学専攻博士後期課程修了。博士（史学）。専門はイギリス政治外交史、ヨーロッパ国際政治史。著書に、『立憲君主制の現在』（新潮選書、サントリー学芸賞受賞）、『エリザベス女王』（中公新書）ほか。

中公新書ラクレ 827

帝国《ていこく》で読《よ》み解《と》く近現代史《きんげんだいし》

2024年12月10日初版
2025年1月15日再版

著者……岡本隆司《おかもとたかし》　君塚直隆《きみづかなおたか》

発行者……安部順一

発行所……中央公論新社
〒100-8152 東京都千代田区大手町1-7-1
電話……販売 03-5299-1730　編集 03-5299-1870
URL https://www.chuko.co.jp/

本文印刷…三晃印刷　カバー印刷…大熊整美堂　製本…小泉製本

Published by CHUOKORON-SHINSHA, INC.
Printed in Japan　ISBN978-4-12-150827-0　C1222

中公新書ラクレ　好評既刊

ラクレとは…la clef＝フランス語で「鍵」の意味です。
情報が氾濫するいま、時代を読み解き指針を示す
「知識の鍵」を提供します。

L600
リーダーは歴史観をみがけ
――時代を見とおす読書術

出口治明 著

「過去と現在を結ぶ歴史観をみがくことで、未来を見とおすヒントが得られます。それこそが歴史書をひもとく最大の醍醐味でしょう」（本文より）――。ビジネスの最前線にあって、稀代の読書の達人でもある著者が、本物の眼力を自分のものとするために精選した最新ブックガイド１０９冊！　世界史と出会う旅／古代への飛翔／芸術を再読する／自然という叡智／リーダーたちの悲喜劇／現代社会への視座　全6章。

L671
見えない戦争《インビジブルウォー》

田中　均 著

大国主義（トランプ、習近平）、過激な主張外交（金正恩、文在寅）がポピュリズムに乗じて勢いを増す中、戦火を交えるわけではない「見えない戦争」が世界中で起きつつある。静かに迫り来る「有事」と、牙をむく為政者たちに対し、日本はなすすべがないのか？　日米経済摩擦、日米安保協力・基地返還、北朝鮮外交――交渉によって「不可能」を可能にした、日本外交きっての戦略家が、「見えない戦争」を生き抜くための「眼」とメソッドを伝授する。

L677
歴史に残る外交三賢人
――ビスマルク、タレーラン、ドゴール

伊藤　貫 著

冷戦後のアメリカ政府の一極覇権戦略は破綻した。日本周囲の三独裁国（中国・ロシア・北朝鮮）は核ミサイルを増産し、インド、イラン、サウジアラビア、トルコが勢力を拡大している。歴史上、多極構造の世界を安定させるため、諸国はバランス・オブ・パワーの維持に努めてきた。聡明な頭脳と卓越した行動力をもち合わせた三賢人が実践した「リアリズム外交」は、国際政治学で最も賢明な戦略論であり、日本が冷酷な世界を生き抜く鍵となる。

L715

自由の限界

——世界の知性21人が問う国家と民主主義

鶴原徹也 編

エマニュエル・トッド、ジャック・アタリ、マルクス・ガブリエル、マハティール・モハマド、ユヴァル・ノア・ハラリ……。彼らは世界の激動をどう見るか。二〇一五年のシャルリー・エブド事件から「イスラム国」とアメリカ、イギリスのEU離脱、トランプ米大統領と米中対立、そして二〇二〇年のコロナ禍まで、具体的な出来事を軸とした三八本のインタビューを集成。人類はどこへ向かおうとしているのか。世界の「今」と「未来」が見えてくる。

L729

戦乱中国の英雄たち

——三国志、『キングダム』、宮廷美女の中国時代劇

佐藤信弥 著

偽君子・劉備を主人公に、毒親・曹操、軍師・司馬懿、影武者・献帝らが成敗争奪する三国志。若き始皇帝・政が天下統一をめざして戦う『キングダム』。中国の歴史物の人気が原動力となって、中国時代劇がいま多くの日本人を魅了している。手に汗握る戦争物やサスペンス時代劇、美男美女の愛がせつない宮廷物やラブ史劇を参照しながら、教養としての中国史を易しく解説。英雄たちが駆け抜けた戦乱の世、虚構と史実がせめぎ合う驚きの中国への招待。

L757

数字中国《デジタル・チャイナ》

——コロナ後の「新経済」

西村友作 著

新型コロナの震源地・中国はなぜ感染を抑え、プラス成長を達成できたのか？　当局はなぜアリババ集団ら巨大ITへの統制を強めるのか？　コロナ禍にあえぐ米欧を横目に、中国はデジタル防疫・経済成長・デジタル金融の三位一体を実現。覇権的な政治体制だけでは説明できない重要な経済ファクターがある。民間需要を取り込み、政府主導で建設が進むデジタル・チャイナがその答えだ。ベールに包まれた〝世界最先端〟のDX戦略の実態を描き出す。

L769

理想の国へ

——歴史の転換期をめぐって

大澤真幸＋平野啓一郎 著

コロナ禍、ロシアのウクライナ侵攻……人類史レヴェルの危機に直面し、私たちは正念場を迎えている。今こそどんな未来を選び取るのかが問われているのだ。この歴史の転換期にあたり、天皇論や三島由紀夫論など対話を重ねてきた二人の知性が、新たな日本のアイデンティティを模索した。蔓延する「日本スゴイ」論を、鍛え抜かれた言葉と思索の力で徹底検証。国を愛するとはどういうことかをラディカルに問うた「憂国」の書。

L793
インドの正体
――「未来の大国」の虚と実
伊藤 融 著

「人口世界一」「IT大国」として注目され、西側と価値観を共有する「最大の民主主義国」とも礼賛されるインド。実は、事情通ほど「これほど食えない国はない」と不信感が高い。ロシアと西側との間でふらつき、カーストなど人権を侵害し、自由を弾圧する国を本当に信用していいのか? あまり報じられない陰の部分にメスを入れつつ、キレイ事抜きの実像を検証する。この「厄介な国」とどう付き合うべきか、専門家が前提から問い直す労作。

L796
ウクライナ戦争の嘘
――米露中北の打算・野望・本音
手嶋龍一＋佐藤 優 著

ウクライナに軍事侵攻したロシアは言語道断だが、「民主主義をめぐる正義の戦い」を掲げるウクライナと、米国をはじめとする西側諸国にも看過できない深謀遠慮がある。戦争で利益を得ているのは誰かと詰めれば、米露中北の「嘘」と野望と打算、その本音のすべてが見えてくる。世界は迫りくる核戦争の恐怖を回避できるのか。停戦への道はあるのか。ロシアと米国を知り尽くした両著者がウクライナ戦争をめぐる虚実に迫る。

L823
分断国家アメリカ
――多様性の果てに
読売新聞アメリカ総局 著

アメリカの分断を体現する「排他主義」のトランプ対「多様性の象徴」ハリスの大統領選挙。世界を先導してきたアメリカの民主主義はどこへ向かうのか。ブラック・ライブズ・マター運動で広がる黒人と白人の溝、キリスト教やLGBTQを巡る「青い州」と「赤い州」の対立、国境の街とリベラルな都市の不法移民の押し付け合い、ユダヤ・アラブ・アジアなど国際情勢から派生する攻防――激しさを増す軋轢に苦しむアメリカの今を描き出す総力ルポ。

L825
南北戦争英雄伝
――分断のアメリカを戦った男たち
小川寛大 著

唯一の内戦にして、「アメリカ合衆国」の現在を形作ったといっても過言ではない南北戦争。好評を博した著者の既刊『南北戦争』(中央公論新社)の姉妹編として、アメリカが二つに引き裂かれた戦争を戦った南軍/北軍の将軍たち計14名を取り上げる。名将、俗物、政治屋……ナポレオンでもネルソンでもリンカーンでもない、ちょっとクセがあって人間味あふれる「英雄」たちが織りなした事績を列伝形式で辿る。